U0795449

2018

城市警务研究

第三辑

张跃进 卜安淳 主编

中国人民公安大学出版社
·北 京·

图书在版编目（CIP）数据

2018 城市警务研究. 第三辑 / 张跃进，卜安淳主编. -- 北京：中国人民公安大学出版社，2018.9

ISBN 978-7-5653-3354-5

Ⅰ.①2… Ⅱ.①张… ②卜… Ⅲ.①警察—工作—研究—中国 Ⅳ.①D631

中国版本图书馆 CIP 数据核字（2018）第 193340 号

2018 城市警务研究 第三辑

张跃进 卜安淳 主编

出版发行：中国人民公安大学出版社
地　　址：北京市西城区木樨地南里
经　　销：新华书店
邮政编码：100038
印　　刷：北京市泰锐印刷有限责任公司

版　　次：2018 年 9 月第 1 次
印　　次：2018 年 9 月第 1 次
印　　张：7
开　　本：787 毫米×1092 毫米 1/16
字　　数：141 千字

书　　号：ISBN 978-7-5653-3354-5
定　　价：28.00 元

网　　址：www.cppsup.com.cn www.porclub.com.cn
电子邮箱：zbs@cppsup.com zbs@cppsup.edu.cn

营销中心电话：010-83903254
读者服务部电话（门市）：010-83903257
警官读者俱乐部电话（网购、邮购）：010-83903253
公安业务分社电话：010-83905672

本社图书出现印装质量问题，由本社负责退换

版权所有 侵权必究

目　录

·现代警务战略·

以新时代“枫桥经验”指导推进警务治理的实践思考　苏敬勋（1）
打通基层社会治理“最后一公里”的几点思考　张跃进（10）
打造共建共治共享社会治理格局的思考与探索
——以珠海市社会治安综合治理为例　谢健儿　肖　慷（16）

·警务改革探索·

诸城深化警务机制改革　构建实施信息化条件下的整体警务战略　单东升（25）
深化改革背景下县级公安机关需要正确处理的几大关系　库进平（33）

·城市安全管理·

大数据背景下犯罪预防的实践与思考
——以苏州警务实践为例　张老九（37）
基于“枫桥经验”的苏州市“331”专项行动的博弈分析　张志东（46）
日本城市警务系统初探　王　军　涧　平（51）

·警察队伍管理·

社区警务中群众工作方法的实践和思考 陈先岩（60）

侦查阶段刑事和解的现实意义 陆 晓（65）

做好“两法衔接” 提升公安机关办案专业化水平 陈 玲（73）

·警务智库建设·

警务智库建设论 崔永东（79）

关于公安机关城市警务智库建设的思考 武 浩（88）

公安智库建设成效与问题浅探

——以成都市公安局为例 王 豪（96）

以智库建设推动公安“大部制”改革 镇江新区公安分局（102）

《城市警务研究》丛书征稿启事 （108）

以新时代“枫桥经验”指导推进警务治理的实践思考

苏敬劢*

摘　要： 用新时代“枫桥经验”指导警务治理很有必要，要以“平安和谐、公平正义、更加满意”为价值追求，以预防犯罪、少捕慎捕和长治久安为战略目标，以源头预防、依法治理和夯实基础为主要策略，以新科技手段运用和相应的机制建设为新动能，以推动“党政领导、警方牵头、各方齐抓共管和百姓参与”作为重要方法路径，更好地形成共建共治共享的警务治理格局。

关键词： 警务治理　枫桥经验　平安和谐　长治久安

自毛泽东同志批示学习推广“枫桥经验”的五十五年来，“枫桥经验”被不断赋予新的内涵，其功能和效应不断拓展，成为全国政法综治战线的一面旗帜。2018年年初，十九大后的首次中央政法工作会议要求对新时代“枫桥经验”进行总结、提炼，推动其由促进乡村治理体系建设向促进城镇、社区治理体系建设延伸。这既给推广新时代“枫桥经验”创新社会治理提出了新要求，也给新时代警务治理进一步指明了方向。我们通过对新时代“枫桥经验”的学习领会，结合多年从事警务治理的实践体会，对如何以新时代“枫桥经验”指导警务治理实践，谈一些思考。

一、警务治理应以“平安和谐、公平正义、更加满意”作为价值取向，更好地实现以人民为中心的发展思想与治理方式、治理效果的一致性

为了群众、依靠群众是“枫桥经验”的核心要义，也是“枫桥经验”历久弥新的关键所在。“枫桥经验”与以人民为中心的发展思想完全契合。根据以人民为中心的发展思想，坚持发展为了人民，发展依靠人民，发展成果由人民共享，这就是“枫

* 苏敬劢，江苏省苏州市警察协会工作人员。

桥经验”的价值取向。党的十九大报告指出，中国特色社会主义进入了新时代，我国社会主要矛盾已经转化为人民日益增长的美好生活需要和不平衡不充分的发展之间的矛盾。这意味着警务发展和警务治理也进入了新的发展阶段，人民群众对平安和谐和法治建设等也有了新的更高的需求。我们认为，人民群众的这些新的更高的需求，可概括为“平安和谐、公平正义、更加满意”，即发案更少、秩序更好的安全环境，社会稳定、矛盾及时化解和人与人、人与社会和谐相处的社会环境，依法有序、公平公正解决涉及群众切身利益的矛盾和问题的法治环境，并以良法善治赢得人民群众更高的满意度。这些既是新时代人民群众的新需要，也是运用新时代“枫桥经验”推动警务治理的根本出发点和落脚点。

警务治理要实现“平安和谐、公平正义、更加满意”价值取向，首先应该正视警务发展不充分、不平衡的问题。总体而言，我国警务发展势头良好，无论是社会稳定的维护还是社会治安的综合治理，都处于较好的发展水平。但是，无论是警务治理的理念、思路、机制还是方式方法，都存在与人民群众新期待新要求不相适应的方面，警务治理中发展不充分、不平衡的问题也普遍存在。诸如，面对日益复杂的国际国内形势，如何更加有力地维护党的执政地位和中国特色社会主义制度；面对大量存在的各类社会矛盾和由此引发的各类群体性事件，如何更加有效地化解和处置；面对恐怖犯罪、涉黑涉恶犯罪、金融犯罪和危及人民群众生命财产安全的各类严重犯罪，如何有力地防范和打击；面对面广量大的公共安全隐患和公共安全事故频发多发的局面，如何有效地预防、发现和消除各类安全隐患，确保人民生命财产的安全。这些都要求我们以新时期“枫桥经验”为指导，找出警务治理的现状与人民群众新要求新期盼存在的差距，进一步增强主动性和紧迫感。

警务治理要实现“平安和谐、公平正义、更加满意”的价值取向，关键要处理好警务治理的思路、方法和措施，始终体现以人为本的理念和民意导向。现实中，一些地方在警务治理中往往存在这样的问题：一方面警务治理的出发点是为了人民群众的安全和利益，另一方面组织治理中采取的方法手段和措施又不同程度地损害了部分人民群众的利益，出现主观愿望与客观现实相脱节的问题。诸如，为了形成严打严管严控的高压态势以增强群众的安全感，动辄组织大清查、“大扫除”，甚至随意盘查和搜查群众，客观上造成了扰民，影响了群众的正常生活；为了体现警方维护治安的能力和破案打击的力度，不切实际地下达刚性的绩效指标，客观上导致基层不顾一切追求“警务 GDP”，甚至“凑数字”、弄虚作假，并由此导致基层基础建设越来越薄弱；为了整改和消除面广量大的公共安全事故隐患，不经过充分宣传教育和做好思想动员，甚至不分青红皂白，一律强行拆除隐患建筑和设施，客观上侵害了一些群众的利益，导致群众的误解和不满。这些做法有悖于“枫桥经验”的核心要义（以人民为中心的发展思想），自然导致结果适得其反。事实上，无论是“枫桥经验”还是其他地方警务治理中的成功做法都表明，只要真正贯彻以人为本理念、坚持民意导向，完全可以做到警务治理的法律效果、社会效果和政治效果相统一。最近，一个基层派出所给我们介绍了他们整治安全隐患的做法，很有启发性。其派出所辖区内有一处因为多年的违章建筑没有拆除而形成的小商品市场，几百户外来人口在市场内部乱搭乱建，店铺经营、煮饭炒菜和休息睡觉都在一处，是典型的“三合一”场所，被上级机关列为重点清理整治项目。为了既完成上级限期内整治拆除的任务，又避免激发这些经商务工人员的矛盾，派出所所长与相关民警一户一户地走访，以案说法耐心宣传安全整治的意义和合法性，认真听取每一户的意见建议，并积极向当地政府和有关部门报告，按实际情况给出他们找寻新的店铺和搬迁货物家具的时间，还组织人手帮助他们搬迁。这一系列既依法依规又合情合理的、人性化的操作，没有遇到任何抵抗，也没有引发任何纠纷，派出所如期完成了整治任务。

总之，警务治理要以新时代“枫桥经验”作指导，真正体现以人民为中心的发展思想，必须根据新时代人民群众对平安和谐和法治建设的新期盼新需求，以“平安和谐、公平正义、更加满意”为价值取向，并以此主导警务治理的理念、思路、重点、策略和方法路径，努力实现警务治理的民本目的、治理方式和治理效果的高度一致。

二、警务治理应以预防减少犯罪、少捕慎捕和长治久安作为战略目标，更加科学地导向凝心聚力和用心善治

“枫桥经验”之所以引起了毛泽东同志的高度重视和赞赏，并批示要求全国推广，是因为其主旨是解决群众内部矛盾，关键是“发动和依靠群众，坚持矛盾不上交，就地解决；实现捕人少，治安好”。从警务治理来说，就是最大限度地预防化解各类矛盾和减少各类犯罪因素，尽可能地把矛盾和问题解决在萌芽状态、初始阶段，尽可能少捕慎捕，并做好教育挽救工作。这也是新时代“枫桥经验”基本要求。

诚然，现阶段各地警方围绕有效的防范和打击犯罪，大力推进立体化现代化治安防控体系建设，取得了显著成效，许多地方出现了违法犯罪警情不断下降和破案打击能力不断提高的可喜态势。但是，由于长期以来形成的思想观念一时很难改变，一些地方的警方摆脱不了以破案抓人多少（“警务 GDP”）论英雄的思维定势，仍然以抓捕和关押数量来衡量警务工作绩效，甚至一些上级机关对下级的工作绩效考核也客观上导向多抓捕、多关押。一些地区警方的警务治理并没有很好地聚焦在“实现捕人少、治安好”上面。诸如，为了多捕多诉多判，导致基层警队的工作重心走偏，占用了做基层基础工作的警力和精力；为了增加抓捕人数，警务治理工作偏向于一

些容易进入刑事程序的犯罪问题；为了多捕多诉，不惜与检察机关搞“关系”，请其“高抬贵手”；为了追求数字好看，凑数字甚至弄虚作假。这些做法不仅与新时代“枫桥经验”精神相悖，并且必然制约和妨碍新时代“枫桥经验”的全面有效推广。

侦查破案与打击犯罪是公安机关的主要任务，也是确保社会稳定的重要措施，但关键还是要减少发案、减少犯罪。衡量警务治理成效的标准应该是“枫桥经验”要求的“实现捕人少、治安好”，实现长治久安。一些地方公安机关以其成功的实践经验表明，将“少捕慎捕和长治久安”作为警务治理的战略目标，不仅通过打基础管长远的策略持续推进，实现警务治理的良性发展，而且促进了包括侦查破案与打击犯罪在内的整个警务治理能力和效能不断提升。例如，苏州警方早在2009年就全面取消了破案打击等刚性数字绩效考核，取而代之的是以“人民满意度”为标准、突出基础实力能力建设的考核，同时尝试建立“侦查环节的刑事和解制度”，即通过商请政法委牵头，与检察、法院、司法等部门达成协定，对于轻微犯罪嫌疑人尽可能不抓少诉，采取由警方依法按照协定组织被害人和加害人在双方自愿的基础上进行和解的方法，让被害人得到一定的补偿，并让加害人受到惩罚和教育。若加害人一时拿不出钱补偿被害人，则由多位年轻企业家筹款建立的“刑事和解救助协会”先予垫资，让加害人在指定的企业打工，以其劳动报酬来偿还。该制度实行以来，先后刑事和解案件一万多件，没有一个被害人反悔，也没有一个加害人重新违法犯罪。这样做的好处是大大促进了社会平安和谐，使刑事发案率持续稳定下降，破案打击的能力不断增强，群众的安全感和满意度不断提升。

由此可见，侦查破案与打击犯罪虽然是警方的主要职能之一，但并不是抓人越多越好；衡量一个地方治安状况的好坏，应该以“少发案、少抓人”为标准，要使人民群众真真切切地感受到长治久安。当前在地方警务治理中，应该更加突出预防减少犯罪、少捕慎捕和努力实现长治久安，尤其要在既高质量地实施侦查破案与打击犯罪，又切实在预防和减少犯罪上下功夫。要善于运用科学的战略管理办法，通过系统而科学地制定警务治理战略规划，把“预防减少犯罪、少发案、少抓人和长治久安”确定为战略目标，并明确实现这一战略目标的警务治理重点任务、策略措施和阶段性安排，然后狠抓组织实施，一年接着一年稳步推进，努力实现警务治理的良性发展，真正达到新时代“枫桥经验”的基本要求。

三、警务治理应以源头预防、依法治理和夯实基础作为主要策略，更加有效地筑牢防范社会风险和维护治安稳定的屏障

源头治理是治本之举。“抓早抓小、就地化解”是“枫桥经验”的重要内涵，是防范和化解社会风险的良策，也是国家治理体系和治理能力现代化中基层社会治

理现代化的基本要求。因为，社会问题和矛盾只有从源头上治理和预防，才是真正抓到“根子”上，才能有效地防止问题和矛盾的发酵和蔓延。同时，作为现代治理重要方式的依法治理，既是新时代“枫桥经验”的显著标志，又是有效预防化解处理各类矛盾和问题（特别是各类因为利益矛盾引发的群体性事件）的关键之举。只有依法及时了解掌握各类矛盾和问题，及时报请当地党委政府和有关部门依法依规迅速进行疏导化解，及时依法做好重点挑头人和主要骨干的教育规劝，才能及时有效的将各类矛盾纠纷特别是群体性事件解决在萌芽状态、初始阶段。这既是“枫桥经验”的应有之义，也是现代社会治理的基本要求和基本方法。当然，无论是源头治理还是依法治理，前提都应该建立在扎扎实实的基层基础工作之上，只有及时有效地了解掌握各类矛盾和问题，包括矛盾和问题产生的原因、主要的利益诉求和重点挑头人员等的基本情况，才能作出快速反应和有效应对处置的对策；只有及时而又精准地掌握各类犯罪的情报信息，才能有针对性地采取防范打击对策；只有及时了解掌握各类公共安全事故的隐患，才能及时有效地组织开展整改和预防，从而最大限度地防范和减少公共安全事故，保障人民群众生命财产安全。

诚然，各地在警务治理中已经越来越能感觉到源头预防、依法治理和夯实基础的重要性和紧迫性，也确实做了大量卓有成效的工作。但是，也有一些地方公安机关的思想观念、工作思路和行为习惯仍然比较陈旧，对社会矛盾和问题的处置还停留在传统的方式方法上。诸如，仍然习惯于“以打开路、以打为主”来稳定治安，在有效的防控犯罪、减少发案上花的精力和功夫还不够；仍然习惯于动辄组织开展集中整治和专项行动，以突击性的整治和“运动式”执法来管控社会、维护治安稳定；仍然满足于以行政命令来管理社会和处理矛盾问题，依法教育疏导和处置缺乏方法、能力不强。这些不仅有悖于“枫桥经验”的精神，也不符合国家治理体系和治理能力现代化的要求。

事实上，是否重视源头治理、依法治理和基层基础建设，不仅是警务治理的思路和方法问题，而且是从根本上解决社会矛盾、筑牢有效防范社会风险的重大策略选择。只有加快构建源头治理体系，更多地把工作重心从治标转向治本，从事后救急转向源头治理，才能尽可能使社会矛盾和社会冲突少产生、少转化、少激化。常熟警方十年前就选择了“发案少、次序好、社会稳定、群众满意”的战略目标，并坚持不懈地实施强化社会面治安防控、优化各警种基础建设、做好新市民的登记管理等基层基础建设发展策略，尤其是借助于科技信息化手段，匹配相应的工作机制，实现各项基层基础建设和日常警务治理工作数据化、标准化、可视化，历经三任主要领导变动，“初心不改”持续推进，有效地推动了警务治理的良性发展。其在警务治理中没有以刚性的绩效考核做推动，不搞集中打击、专项行动等突击式整治和“运动式”执法，但各项警务工作有力有序，基层基础工作越来越扎实。常熟全市刑事发案由十年前的每年 23000 余起降至现在的每年 8000 余起；刑事案件的破案率由十年前的 17% 提高到现在的 40% 以上，“八类案件”破案率达到 90% 以上，其中命案多年全破；万人警情的接报数和万人违法犯罪警情接报数都为同类地区最低。这些不仅大大提升了人民群众的安全感和满意度，而且大大减轻了警力资源的无为消耗，基层民警和警务辅助人员基本保证法定的休息休假，取得了“党委政府满意、老百姓满意、上级机关满意和警队同仁满意”的效果。

所以，警务治理以“枫桥经验”作指导，应该在警务治理的策略上更加突出源头治理、依法治理和基层基础建设，下决心改变传统的治理思维和治理方式，坚决摒弃“头疼医头、脚疼医脚”和“此起彼伏”组织集中整治及动辄开展专项行动的传统治理策略和措施。只要保持战略定力，持续不断地抓源头、强基础，必定能提升警务治理的基础实力和抗风险能力。

四、警务治理应以新科技手段的运用和相应的机制建设作为新动能，更有效率地依法履职尽责

既要把握好“枫桥经验”的精髓，又要适应社会主要矛盾的变化，顺应人民日益增长的美好生活需要，推动“枫桥经验”与时俱进，不断焕发新的生机活力。这也是警务治理必须把握的基本要求。尤其要努力推动警务治理手段从传统方式向智慧治理转变，在把握好“枫桥经验”的精髓、传承好优良传统的同时，顺应互联网时代的特点和人民群众的新期待，大力构建“互联网 + 警务治理”新模式，增强治理新动能。诸如，大力拓展“互联网 + 服务”，让老百姓办事更方便，“少跑腿、多按钮，将问题解决在家门口”；大力推行“互联网 + 调解”，建立“网上预约、网下调解”的新机制，实现优质调解资源均衡化，最大限度地将矛盾纠纷发现在基层、控制在基层、化解在基层；大力开展“互联网 + 群防群治”，既要借助网络加强和优化传统社区群防群治的力量，更要借助大数据形成网上群防群治，借助科技创新实现法网与互联网的无缝连接；大力开展“互联网 + 普法教育”，更有针对性地进行与预防犯罪、减少发案相关的普法教育，进一步增强人民群众的自我防范能力；大力开展“互联网 + 精准防控”，借助大数据和人工智能，科学预测预警各类犯罪，更加精准地预防、制止和打击犯罪。

当前，警务治理的新科技运用，更多的要重视和善于运用“科技 + 机制”，有效预防、减少犯罪和各类矛盾问题，使警务治理更好地体现新时代“枫桥经验”。诸如，针对非法集资犯罪案件多发高发、涉及受害人群众多、涉案金额大的特点，一旦发案往往导致受害群众的财产遭受重大损失，并由此引发影响社会稳定的问题，故需要建立基于警务大数据的信息共享、联动协作平台，并匹配建立“数据采集、

智能研判和落地查处”等运作机制；针对涉黑涉恶犯罪“转型”变化，即已从原来的称霸一方、寻衅滋事、街头砍杀等明火执仗式的犯罪形态，转为介入经济交往、插手民间纠纷并以恶意骚扰和“软暴力”迫使被害人就范的犯罪形态，这不仅影响了人民群众的安全感，而且增加了侦查打击的难度，故需要建立基于各类基础数据智能识别关联和研判、落地侦查在内的运作机制，有效地从貌似一般性的接处警警情中发现涉黑涉恶线索，进而通过有力有效的侦查工作，及时发现和打击此类犯罪，提升防范打击此类犯罪的效率；针对公共安全事故尤其是在警方法定职责范围内的事故频发多发和大量安全隐患存在的问题，需要建设基于大数据的智能公共安全监管平台，匹配相应的分级分层的、既各司其职又通力协作的隐患整改机制，不仅大幅度减少公共安全隐患，而且可以形成常态长效的公共安全监管格局。

这一警务治理策略是根据问题导向、源头治理和预防在先的思维取向，实行“智能系统＋相应机制”的精准治理。其应该把握的要点有：（1）问题导向提出问题，即确定需要解决的问题；（2）提出需求研发系统，即针对发现和解决问题的若干节点以及要达到的结果，提出智能系统研发需求，并有意识地组织智能系统研发；（3）夯实基础采集数据，即从源头发现和解决问题出发，强化相应的基础性工作，并把工作中形成的相关数据输入智能系统平台；（4）智能分析加强研判，即通过系统平台的信息数据智能关联和识别，凸显需要引起关注的问题，然后有重点地组织人工干预深度研判，进一步聚焦犯罪线索或事故隐患等，形成有价值的情报产品；（5）落地行动依法处置，即按照机制规范分级分层落地核查相关情报信息，依法组织侦查和处置工作；（6）及时反馈加强考核，即从基础数据采集到落地处置整个过程都应及时通过智能系统平台反馈进展情况和结果，系统自动进行积分考核。

这一基于“科技＋机制”的预防犯罪和问题的策略选择，不仅能有效地解决各类警务治理的问题，而且有助于不断夯实基础、促进警务治理的常态长效。例如，苏州警方为了有效地预防和处置非法集资犯罪及由此带来的社会稳定问题，牵头建设了一个非法集资犯罪防控平台，并在市政府的推动下建立了由工商、金融办、税务等十多个部门参与的联动协作机制，多年来及时将200余起此类案件发现并制止在萌芽状态和初始阶段，不仅有效地预防了这些案件的蔓延，挽回了数亿元的群众损失，而且形成了常态长效的预防非法集资的防控屏障。在一些城市频频爆出非法集资大案要案的情况下，苏州相对比较平稳，新科技手段的运用和相应的机制建设使其大大减少了此类问题带来的不稳定因素。

诚然，各地警方已越来越重视警务大数据的建设和运用，并日益凸显出其在警务治理中的能效。但是，无论是思想观念的与时俱进，还是基础数据采集、数据的上网共享和智能运用水平等各地都有不小差距。因此，在传承好“枫桥经验”的同时，应该将“枫桥经验”的精髓与现代化手段的运用有机结合起来，尤其应更加重视和善于运用新科技手段助推警务治理，充分发挥好“智慧警务”为未来警务治理和警务发展带来的新动能。

五、警务治理应以推动“党政领导、警方牵头、各方齐抓共管和百姓参与”作为重要的方法路径，更好地形成共建共治共享的治理格局

“枫桥经验”经过五十五年的不断发展，形成了具有鲜明时代特色的“党政动手，依靠群众，预防纠纷，化解矛盾，维护稳定，促进发展”的新时代“枫桥经验”，成为新时期专门工作与群众路线相结合的典范。新时代“枫桥经验”契合了现代治理理念，从传统社会管理偏重于政府单一主体权威和依靠行政强制手段实行自上而下的管理，转变为更多地强调政府、社会组织和人民群众等多元主体共同参与和管理。针对政府与社会良性互动的现代治理模式，新时代“枫桥经验”不仅作了生动形象的解读，也是很好的示范。其核心内涵之一就是“发动和依靠群众”，强调社会各方面力量的参与及共治。正如党的十九大报告中强调指出，“加强社区治理体系建设，推动社会治理重心向基层下移，发挥社会组织作用，实现政府治理和社会调节、居民自治良性互动”。作为国家治理体系和治理能力现代化及现代社会治理重要组成部分的警务治理，同样应该以新时代“枫桥经验”为指导，不断构建和完善警务治理的新格局。

为了给人民群众提供一个更安全更满意的社会治安环境，警方必须更加有效地维护稳定、防范与打击犯罪和加强公共安全监管。但任何涉及稳定、犯罪和安全方面的问题，往往都是多种社会因素构成的，涉及社会各个方面。警方是治理这些问题的主要力量，但绝非警方一家单打独斗就能解决。同时，进入新时代，人民群众对警务治理的期盼和要求越来越高，警务治理的任务也越来越重，警力不足、资源匮乏与警务治理任务繁重的矛盾也越来越突出。在这样的情况下，警方必须在党委政府的领导和主导下，既充分发挥好主力军作用，又要积极当好参谋助手，并大力整合社会各方面的力量和资源，运用政治、经济、法律、文化等多种手段，形成警务治理共建共治共享的格局。

现阶段，警务治理应重点在以下三个方面推进新格局建设。一是要大力推动基于大数据平台的政府部门和各相关部门之间的数据共联共享。依法履职是各级政府和政府各部门首要的任务。要破解普遍存在的政府及其部门行政资源不足的矛盾，必须将有限的行政资源整合起来，形成依法履职的合力。苏州警方多年前便牵头建立了基于人口信息库和“两法对接”平台的政府各部门信息数据共享和行政执法管理联动协作的机制，不仅有效解决了群众办事“打证明”难等诸多问题，大大方便了群众办事，而且提升了依法履职的能力和效率。诸如“治理地沟油” “治理水环

境污染”“治理非法集资”“治理电信网络诈骗”“治理公共安全隐患”等警务治理难题，由于相关部门之间形成了合力，大大降低了治理的成本，提高了治理的效率和效能。二是要大力推动网格化资源整合联动协作的服务管理机制建设。要将警务治理与网格化的社区服务管理结合起来，通过将派出所社区民警、辅警与所在网格内的其他社区工作力量整合，共同承担社区的矛盾调解、犯罪预防、安全隐患整改和服务群众等治理任务。苏州警方近年来推行定格、定人、定岗、定则、定时等“五定”，并实行管理精细化、服务集约化、部门协同化、信息流程化、工作制度化等“六化”，建立和形成了各类社会治理包括警务治理事项的发现、受理、分流、处置、跟踪、督办、反馈、评价八个流程处置的工作机制，大大提升了各类问题和矛盾的处理效率。相城区黄埭镇依托这一网格化的治理机制，一个月内就完成了市民长期投诉辖区 120 多家废品造粒、家具小作坊易燃易爆重大隐患的治理任务，得到了老百姓的普遍称赞。三是要大力推动建立政府与社会互动、人民群众积极参与的治理平台，积极发展“警调对接”等各种纠纷矛盾的调解组织，广泛动员组织“义警”队伍。通过这些有效的载体，最大可能地让群众参与到警务治理中来，不断改进和优化警务工作，增强警务治理的针对性和有效性。例如，苏州警方在学习借鉴浙江台州经验的基础上，于 2009 年 4 月起连续 9 年雷打不动地坚持开展每月 9 日的“警民恳谈日”活动，从市局领导到基层民警都定期与市民群众进行沟通对话，征集各方面的意见和建议，为警方的有效治理提供了重要依据；警方对绝大多数意见和建议都及时给群众以满意回复，有效促进了警民关系持续改善，大大推动了警务治理社会化。在苏州，自愿配合警方在纠纷矛盾调解、反扒、交通协勤和治安巡逻等勤务中无私奉献的“义警”人数已达数万人，在警务治理共建共治中发挥了重要作用。

打通基层社会治理“最后一公里”的几点思考

张跃进*

摘　要：总结和推广新时代“枫桥经验”，必须清醒地意识到基层社会治理存在的“最后一公里”问题，主要问题是基层组织在治理理念、思路、方法以及工作作风等诸多方面与现代社会治理要求不相适应；主要原因是基层领导层特别是主要领导缺乏民本思维、现代治理方法和新时代群众工作能力；践行新时代“枫桥经验”，打通基层社会治理“最后一公里”，关键在于全面系统地加强基层党政领导干部尤其是主要领导的素质培训，全面提升思维素质和治理能力。

关键词：基层社会治理“最后一公里”　新时代“枫桥经验”　现代社会治理

新时代“枫桥经验”既保持了“枫桥经验”的精髓和优良传统，又与时俱进，不断开拓创新，成为新时代社会治理特别是基层治理的典范。将“枫桥经验”发扬光大，全面提升基层社会治理的水平是摆在各地特别是基层党政组织面前的一项重要任务，也是一个重大课题。但是，现实中有些基层组织在真正学习借鉴“枫桥经验”和推进基层社会治理方面，还存在不小的差距，从一定意义上说，存在“最后一公里”问题，即新时代“枫桥经验”精髓还没有真正落地。笔者根据近期对一些基层社会治理现状的了解，做出如下思考。

一、基层社会治理“最后一公里”问题主要在于基层组织在治理的理念、思路、方法以及工作作风等诸多方面与现代社会治理要求不相适应

新时代的“枫桥经验”，既保持了“相信群众、依靠群众”和善于组织发动群众、注重源头预防、化解矛盾、夯实基础等精髓，又与时俱进，创新和丰富了党建引领、重在机制建设和善于运用科技手段增强治理效果等新内涵、新要求。然而，有些基层组织并没有很好地理解和贯彻好这些新时代“枫桥经验”精髓，存在诸多与体现

* 张跃进，公安部公安发展战略研究所研究员，城市警务研究中心主任，《城市警务研究》主编，江苏省苏州市警察协会主席。

现代社会治理要求的“枫桥经验”不相适应的问题。

一是理念未扎根。有些基层组织和基层领导不太了解“枫桥经验”的精髓和主要内涵，对于“枫桥经验”的认知还停留在“枫桥经验就是把基层的事情搞定，问题不上交”等狭义的理解上，特别是对“枫桥经验”核心要义，即“相信群众、依靠群众”和组织发动群众共同治理社会矛盾问题缺乏必要的认知，更没有入脑入心。

二是思路老一套。有些基层组织仍然沿用传统社会管理的老套路，依然以政府“包打天下”和以行政命令、行政措施和行政干预的思路来进行基层社会治理，没有真正理解现代社会治理与传统社会管理的明显区别，即社会治理应在基层党政组织的组织发动和统领下，更多地发挥社会组织、人民群众的参与作用，并通过沟通、协商和合作的方式一起来治理社会，并打造社会治理的共建共治共享格局。

三是方法显陈旧。有些基层组织对于现实中存在的矛盾问题的治理，缺乏系统构思和战略规划，缺乏明确的重点和有效的策略，不善于以源头治理、法治治理、系统治理和综合治理的现代治理方法来治理，仍然习惯于组织集中整治和专项行动，依赖于传统的突击式整治和运动式执法等陈旧方法来治理突出的社会矛盾和问题，习惯于采取过于刚性的强制性治理方式方法。

四是基层基础薄弱。有些基层组织对一些突出矛盾和问题治标不治本，尤其是不善于通过夯实基层基础和从源头治理来解决问题，导致治理工作“东一榔头西一棒子”，尽管忙忙碌碌和费神费力，但矛盾问题仍然此起彼伏，始终跳不出“问题突出—集中整治—问题反复—再整治”的怪圈。

五是党建引领不到位。现阶段，基层党建越来越受到重视，党建引领基层社会治理的作用也日益显现。但必须看到，基层党建也存在一些不尽如人意之处，主要是形式多于内容、重过程轻实效，过多地满足于布置党建环境、建立活动台账和“品牌”培植等形式，而在如何有效地推进基层党的组织建设、思想建设和作用发挥等方面研究不多、措施不实，在有效发挥基层党支部、党员在基层社会治理中重要作用方面还很不足。

六是治理效果打折扣。无论是维护社会稳定、防范与打击犯罪，还是整改、消除公共安全隐患等都存在不少问题，仍然有大量的任务需要完成，尤其是有大量随时可能触发社会不稳定的因素存在。党群关系、干群关系在一些基层社区仍然比较紧张，政府的公信力和执法管理的认可度还不够高，基层社会治理风险仍然比较大。

二、基层社会治理“最后一公里”问题的主要原因在于基层领导层特别是主要领导缺乏民本思维、现代治理方法、党建要领和新时代群众工作能力

导致基层社会治理存在“最后一公里”问题的原因很多，如基层工作任务重、

压力大，疲于应付上级的检查、考核、评比等事务性工作，以及人手少、精力有限等客观因素，但主要还是基层组织特别是主要领导的素质能力问题，尤其是有些基层主要领导缺乏民本思维、现代治理方法和新时代群众工作的能力。

一是以人民为中心的发展思想没有真正落地。习近平同志指出：“人民为中心的发展思想，不是一个抽象的、玄奥的概念，不能只停留在口头上、止步于思想环节，而要体现在经济社会发展各个环节。”这告诉我们，认识与实践、思想与实际是内在统一的，必须把以人民为中心的思想统一到经济社会的发展上来，统一到基层社会治理之中。但是，有些基层组织在如何真正践行以人民为中心的发展思想来推动社会治理中，存在嘴上说的与实际做的“两张皮”现象。有些基层组织为了完成上级下达的治理任务，甚至为了争取一个好的绩效考核成绩，才去组织推进突出问题的整治，以不正确的政绩观主导社会治理。有些基层组织仍然以行政命令、行政强制等刚性的办法来推动突出问题的整治，有的甚至在整治公共安全隐患等突出问题中“不分青红皂白”、不顾老百姓的合法权益，主观上似乎是为了人民的安全，实际运作中却做出一些侵害人民群众利益的事情。例如，某地因为失火而造成了群死群伤恶性事故，为了防止类似事故的发生，开展了集中突击整治火灾隐患的行动，命令在一定期限内将可能导致火灾事故的建筑和装饰物等一律强行拆除。这不仅没有顾及人民群众的利益，而且缺乏必要的沟通宣传，客观上造成了损害群众利益的结果，引起了一些群众的不满。有些基层组织在社会治理中仍然以管理者自居，不能充分组织人民群众一起参与，甚至明显地歧视外来新市民，不能真正体现相信群众和依靠群众。有些基层组织在社会治理中仍然运用行政推动的老套路，缺乏与人民群众的互动沟通和协商，组织宣传和发动工作简单化、不充分，没有真正组织发动群众共建共治共享。总而言之，“以人民为中心思想”及“为了群众、相信群众、依靠群众和组织发动群众”的核心要义还没有被一些基层组织特别是主要领导掌握，民本理念没有真正落地生根，由此导致基层社会治理的方向可能出现偏差，制约了基层社会治理思路的拓展和创新。

二是对新时代社会治理方式和党建引领的要领掌握不够、实践运用不到位。新时代背景下，人民群众不仅对物质文化生活提出了更高要求，而且对美好生活的向往更加强烈，对民主、法治、公平、正义、安全、环境等方面的需求也在日益增长。这些多维度的诉求显然不可能靠一两次“雷厉风行”、高效有力的行政行为就能实现，更不可能靠“单打一”“一刀切”的措施就能奏效。对于社会治理现代化而言，仅靠层层行政命令下压，或者基层“唯上不唯实”而简单化地采取与现代治理和人民群众期盼相悖的行政推动治理的方式已经落伍。但有些基层组织在推进社会治理中，传统治理的惯性思维和行为习惯依然根深蒂固，有些基层组织仍然采用传统的治理思路和办法。在系统治理上，有效推动建设党政统领、政法综治部门牵头、社会各个方面共同参与的多元化治理主体结构，以及系统性地研究和推进基层社会治理问题；在源头治理上，重视夯实基层基础、从源头抓起，把问题解决在基层、萌芽状态和初始阶段，真正达到矛盾不上交，有效预防犯罪；在法治治理上，真正达到习近平总书记要求的“遇事找法、办事依法、解决问题靠法”，尤其是善于用好法律武器来依法治理突出矛盾和棘手问题，有效预防及处置群体性事件；在综合治理上，有效推动各部门各方面齐抓共管，并充分运用政治、行政、经济、法律、文化和道德等手段来治理社会问题，等等。对于这些体现现代社会治理的方式方法，有些基层组织还缺乏必要的认知，还没有很好地把握和实践运用。这不仅影响了治理的能效，也制约了基层社会治理的战略发展。同时，对于基层党的组织建设、思想建设和制度建设究竟怎么抓，“三会一课”制度怎么坚持、如何与基层社会治理紧密结合，如何通过“先进性”“思想性”“统领性”等党建引领功能来推动基层社会治理工作，一定程度上还存在认识模糊、思路不清、方法陈旧和措施不到位等问题，没有真正发挥出党建引领基层社会治理的重要功能和特殊作用。

三是在组织动员群众和依靠群众力量共建共治上能力不够强。新时代“枫桥经验”和现代社会治理都十分强调要组织发动广大人民群众一起来治理社会问题，只有这样才能有效地解决基层社会治理基础不牢、力量不足和资源有限等突出矛盾。然而，现实中有些基层组织既缺乏相信群众、依靠群众来治理社会问题的意识，也缺乏组织发动群众一起参与社会治理的方式方法和能力。对于涉及群众切身利益的治理难题，不善于与相关群体进行沟通、虚心听取和采纳群众的合理意见和建议，这种既拓宽了治理思路又使问题治理有了扎实群众基础的方法不会用、不善于用。许多群众之间发生的矛盾纠纷既影响社会稳定，又占用了基层组织的大量警力和精力，可以通过发展各种专业调解组织，让有影响力、有能力的群众参与，搭建相应的自我管理和解决矛盾问题的平台，但有些基层组织想不到也不善于去做。基层社会治理中普遍感到缺乏警力和资源，所以应最大限度地组织发动群众志愿者，充分发挥志愿者在矛盾调解、治安巡逻、交通协勤等社会治理活动中的重要作用。在这方面，有些基层组织缺乏先进的理念，缺乏主动作为的劲头，也缺乏组织动员和做好群众工作的能力，以至于不仅始终跳不出“要人、要钱、要物、要资源”的传统思维定势，而且基层社会治理始终效率较低、效能不高，直接影响了治理的实际效果和群众的认可度、满意度。

三、打通基层社会治理“最后一公里”关键在于全面系统地加强基层党政领导干部尤其是主要领导的素质能力培训

基层社会治理确实存在“最后一公里”的问题，且关键在于基层组织特别是基

层主要领导的素质和能力与推广借鉴新时代“枫桥经验”和现代社会治理的要求不相适应。因此，全面系统地加强基层领导尤其是主要领导的教育培训，不断提升他们的素质能力，非常重要且十分紧迫。

一是要把培训作为解决基层社会治理难题 “桥”与“船”问题的关键。毛泽东同志在《党委会的工作方法》中就如何抓工作落实和提高执行力，形象地把各项工作要达到的目标和要求称为一条大河的彼岸，把实现工作目标和要求的方法路径比喻成过河的“桥”和“船”。他要求各级党委重视解决实现各项工作目标和任务的“桥”与“船”的问题，即方法、路径问题。现在基层社会治理的理念、思路和目标任务都非常清楚，新时代的“枫桥经验”也明明白白地展现在面前，但如何把现代基层社会治理的方法及新时代“枫桥经验”真正与各地特别是各基层单位的实际结合好，诸如如何在基层社会治理中贯彻好“相信群众、为了群众、依靠群众和组织发动群众”的思想；如何夯实基础、源头治理，并有效预防和解决各类矛盾和问题；如何运用现代治理的方法思路来治理基层存在的突出社会矛盾和问题，以及如何创新和破解基层实际存在的社会治理任务重与警力资源不足的突出矛盾，组织调动社会各方面力量参与治理，建设基层社会治理的共建共治共享格局。这些都需要对承担基层社会治理主要任务的基层组织的领导干部尤其是主要领导进行系统的教育培训，从新时代基层社会治理的重大意义、指导思想、目标要求、任务措施和方法路径等方面进行相应的教育辅导；将新时代“枫桥经验”的核心要义、主要精髓和成功实践进行必要的解读，以使各基层组织领导干部尤其是主要领导真正理解新时代基层社会治理的目标要求、新时代“枫桥经验”的精髓，并联系实际加深认识，有效指导和推动基层社会治理实践。

二是要重视提升基层组织领导层的思维素质和领导力。如果说新时代的基层社会治理的关键是要解决“桥”和“船”的问题，那么提升基层领导特别是主要领导的思维素质和领导力就是解决“桥”与“船”问题之核心。同样的基层组织在社会治理上所采取的思路、组织推进的重点和策略、抓落实和执行的力度等不尽相同，有些基层组织抓社会治理思路清晰、重点突出、方法路径正确、工作的力度强，社会治理有力有效，有些基层组织则相反，理念不清、思路不明、重点不突出、方法措施不对劲、工作力度也不大，以至于社会治理的效果有限、进展不大。究其原因，主要是基层组织的领导层特别是主要领导的思维素质和领导力存在差异。因为，凡是领导思维素质和领导力较强的基层组织，其社会治理的方向正确、思路清晰、工作得法，能够比较好地解决实现社会治理目标任务的“桥”与“船”问题；反之，即使上级反复部署强调，基层组织也接受不了、理解不了、消化落实不了，始终在等待上级的指导和支持，始终无法过“河”去实现社会治理的目标任务。近日，笔者结合新时代“枫桥经验”的调研与一位社区党委书记交谈，该社区党委书记一开始不停地“叹苦经”，一连提了六七个基层社会治理的难题，“基层党建难”“外来人口管理难”“纠纷矛盾处理难”“治理任务重而资源不足应对难”“小区容量资源有限，满足老百姓需求难”，等等，似乎面对这么多的难题不知该怎么解决。但是，当笔者从如何践行“以人民为中心的发展思想”出发，从怎么样以相信群众、依靠群众和组织发动群众来破解存在的难题进行解读和引导后，这位社区党委书记发自内心地说道，“你这样一讲，我原来感到困惑的问题，其实都不应该是什么问题”，并当即表示“我们自身完全有能力去破解这些难题”。可见，加强培训和引导，进一步增强基层组织领导层特别是主要领导的思维素质，提升其领导力，是增强基层组织社会治理的组织推动能力的关键之举。

三是要研究改进教育培训的方式方法，不断提高培训的质量和效果。现在各级党政组织已越来越意识到教育培训的重要性和必要性，也力求通过举办各种培训班来提升领导干部的素质和能力。但是，由于教育培训的方式方法仍然比较陈旧，如只注重领导讲话精神的传达贯彻，连篇累牍地政治说教，不切实际地作指示、提要求；习惯课堂教学，不论被教育培训者是否理解和接受，一股脑地“倾盆大雨”式的灌输；热衷于高价聘请著名专家学者布道授课，但除了披露一些内幕消息、前沿理论知识之外，很少有对基层社会治理通俗易懂的解读和联系实际“接地气”的指导和辅导；习惯于讲课传导的培训方式，不善于通过“互动式”“情景式”“体验式”等灵活多样的方法进行教育培训，缺乏符合教育培训规律特点及易被接受、理解、掌握的方式方法。这样的教育培训，投入的人力、物力和财力较大，而实际收到的效果甚微。例如，党的十九大提出了要“建设社会治理的共建共治共享格局”的重要部署，除了要引导大家深刻理解其目的、意义和基本要求之外，对于在基层社会治理中如何贯彻和体现好这一部署要求，基层组织应该做什么和怎么做；又如，作为新时代基层社会治理典范的“枫桥经验”，其典型意义何在，核心要义和精髓是什么，不同类型的社区在践行新时代“枫桥经验”时如何既把握其精髓又结合好自身的实际，基层党建究竟如何引领基层社会治理。所有这些，既要选择有一定理论功底又有实践经验的人来讲授（讲授学员想听的和需要听的，说学员易懂的和听得进去的），还要将课堂教学与实际体验相结合，将老师讲解与学员提问互动相结合，学员之间相互交流、相互启发，以增强教育培训的效果，最大限度地帮助和引导基层组织领导层特别是主要领导掌握现代治理和新时代“枫桥经验”的主要内涵，掌握和学会基层现代社会治理的基本方式方法，不断提升领导力和与推进基层社会治理相适应的素质能力。

打造共建共治共享社会治理格局的思考与探索
——以珠海市社会治安综合治理为例

谢健儿* 肖慷**

摘 要： 党的十九大提出，要加强和创新社会治理，打造共建共治共享的社会治理格局。近年来，珠海市以全面深化平安珠海创建为主线，把防控风险、服务发展、破解难题、补齐短板摆在更加突出的位置，全面推进社会治安综合治理工作，取得很大成效。但从全市整体建设情况看，还存在顶层设计及推进发展不平衡、各级综治部门联动性不够、法治建设相对滞后、社会力量发动不充分、科技建设有待深化推进等问题。为打造共建共治共享的社会治理格局，推动实现建设新时代平安珠海的目标，需要我们以机制体系建设为突破点，推动单元政府管理向多元协同共治转变，实现综合治理；以法治建设为支撑点，创新依法治理方式方法，破解基层治理难题；以社会力量建设为落脚点，打造全民参与的共建共享格局，推动实现长治久安；以智慧城市建设为增长点，加强和完善信息化社会治安防控体系，提升治理效能。

关键词： 共建共治共享 城市社会治理 平安珠海

党的十九大报告中明确提出，要提高保障和改善民生水平，加强和创新社会治理，打造共建共治共享的社会治理格局。社会治安综合治理是社会治理体系的重要组成部分，社会治理是基础，综治工作是手段，维护稳定是底线，共享成果是目的。珠海市正处在新时代发展机遇期，如何创新完善与特区经济发展相适应的社会治安综合治理模式，更好地服务经济社会发展大局，是加强和创新社会治理工作中面临的重要课题。我们以珠海市社会治安综合治理为视角，就加强和创新城市社会治理进行了专题调研，并就打造共建共治共享社会治理格局的实现路径进行了探讨。

---

* 谢健儿，广东省珠海市公安局警令部考核办公室副主任。

** 肖慷，广东省珠海市公安局政治处警力资源管理科副科长。

一、打造共建共治共享社会治理格局的重大意义

当前，我国社会发生深刻变革，中国特色社会主义进入新时代。我国社会主要矛盾已经转化为人民日益增长的美好生活需要和不平衡不充分的发展之间的矛盾。人民美好生活需要日益广泛，不仅对物质文化生活提出了更高要求，而且在民主、法治、公平、正义、安全、环境等方面的要求日益增长，给城市社会治理提出了新要求新目标。其中，人民群众的安全感是最基本的要求，也是最直接的感受，只有加强和创新社会治安综合治理，才能进一步提升人民群众的安全感，进而增强群众的获得感、幸福感。因此，社会治安综合治理成为社会治理体系的核心内容和先决条件之一。

党的十九大报告中明确提出要打造共建共治共享的社会治理格局，这是我们党在全面建成小康社会决胜阶段的重大战略选择。笔者认为，“共建共治共享”这一新时代发展理念，是我们党立足我国改革开放的新实践形成的具有战略性、纲领性与引领性的重大发展理念。具体而言，就是要求社会治理要贯彻以人民为中心的发展思想，在人人共建、多方共治的基础上，实现人人都能够有尊严地、公平地共享社会发展成果。其中，共建共治确立主体地位，标示方法路径，共享则是根本宗旨和最终目的。实现社会治安综合治理，就是要在党的领导下，统筹政府、市场、社会力量，打造权责统一、风险共担、成果共享的命运共同体，增强社会治安治理的整体性、协调性，提高预测预警预防各类风险的能力。

近年来，珠海市全面贯彻落实中央和省市有关工作决策部署，深化社会治理体制改革，加强社会领域制度建设，完善基层社会治理体系，推动社会力量和公众协同共治，城市社会治理工作成效显著。2016 年，珠海市荣膺“首批全国社会治理创新优秀城市”称号，2017 年，“珠海平安指数”被评为第三届全国社会治安综合治理典范案例。其中，在社会治安综合治理工作方面，珠海市以全面深化平安珠海创建为主线，把防控风险、服务发展、破解难题、补齐短板摆在更加突出的位置，全面推进社会治安综合治理工作，取得了一定的成效。珠海市的群众安全感和满意度连续三年位居全省前三名，良好的社会治安成为珠海市响亮的名片。但与此同时，珠海市的社会治安综合治理在顶层设计、基层实践等方面还存在着一些亟待解决的问题。当前，珠海市迎来了以“思想大解放、作风大转变、效率大提升”推动新一轮改革发展的“二次创业”战略机遇期，粤港澳大湾区创新高地、“一带一路”战略支点、珠江西岸核心城市、城乡共美的幸福之城等建设步入快车道。新发展带来新挑战，新时代要有新作为，如何进一步完善与特区经济发展相适应的社会治安综合治理体系，进而加强社会治理，营造共建共治共享的社会治理格局，成为新时代

珠海市必须直面的重大课题，要充分考虑现实需求和未来发展要求，找准问题短板，探讨实现路径，积极创造社会治理的“珠海范例”。

二、找准制约珠海市社会治安综合治理的问题短板

珠海市社会治安综合治理虽然取得了阶段性成效，但对标新加坡、上海、苏州等先进国家和地区，仍存在制度设计上缺乏总体性和连续性、行动实践中缺乏韧劲和闯劲等问题。我们从共建共治共享发展理念出发，从软实力和硬实力建设两个维度着手，深入查找珠海市社会治安综合治理在机制体系、法治建设、社会力量、科技投入等方面的现状和问题。

（一）机制体系尚未健全完善

当前，在加强和完善社会治安综合治理机制体系方面，珠海市以综治中心建设为龙头，稳步推进“综治中心＋网格化＋信息化”建设，初步实现中心城区网格化管理全覆盖。特别是高新区在全市率先完成了“国标版”综治中心建设任务，实现了社会治理网格化、政务信息融合共享、指挥调度可视化。金湾区也初步形成“以中心为枢纽、以网格为依托、以科技为手段”的基层社会治安综合治理新模式，其开发的综合保障大数据平台，荣获2017年度工信部电信大数据“司马奖”的“最佳实践奖”。但从全市整体建设情况来看，离时代新要求还有一定差距。

一是顶层设计及推进发展不平衡。由于综治工作涉及部门多，业务纵横交错，存在顶层设计难度大，共享水平不高，深度应用不够等问题，具体表现为条条强、块块弱，各条线都在推进网格化管理，结果就是多网并存，一个社区（村）多达7个网（党建、禁毒、消防、安监、城管、计生、综治），基层工作人员应接不暇。此外，东西部发展不平衡的情况较为突出，西部地区相关配套政策体系和制度设计还不完善。

二是各级综治部门联动性不够。各种基层资源力量、多网融合和行政资源整合不够畅通，实体运作不强，有系统重复建设、资源浪费的现象，如消防、安监、城管等网格员职责界定不够明晰，存在职能重合的情况，没有实现资源利用的最大化。基层综治队伍素质有待提高，综治网格员大多由村（居）“两委”干部兼职，专职网格员少，人员素质参差，福利待遇有限，在掌握社情、化解矛盾、服务群众等方面能力与水平有待提高。

三是平安指数的作用力不够充分。2014年，珠海市在国内首次推出平安指数发布应用机制，提供了殷切回应时代需求，创新城市社会治理手段，推进平安建设的“珠海方案”。近年来，平安指数在推动珠海市各区、镇街和职能部门协同发力共创平安方面发挥了重要作用，但随着形势的发展，在实际运行中也凸显了一些问题。一

方面，平安指数主要以违法犯罪、交通、消防等警情为主要标准来衡量地区平安状况，指数维度较为单一，覆盖面比较窄；另一方面，平安指数工作机制的考核色彩较浓，在研判、预警、督导等方面的作用发挥得不够，与“科学评价和引导全市平安综治工作，推动实现全民创安”的设计初衷尚有差距。

（二）法治建设相对滞后

走法治化发展道路是社会治安综合治理的必然选择。近年来，珠海市运用经济特区立法权和较大市立法权，先后出台了《珠海经济特区见义勇为人员奖励和保障条例》《珠海经济特区志愿服务条例》《珠海经济特区公共安全技术防范管理条例》等社会治安综合治理领域法规规章。成立市综治委矛盾纠纷多元化解专项组，统筹全市矛盾纠纷多元化解工作，重点推进人民调解与行政调解、司法调解的协调联动工作。深入推进“法律顾问进村居”工作，实现全市 315 个村（社区）全覆盖，并在全省率先开展重点村居精准式法律顾问服务试点工作，有效地预防和化解基层矛盾纠纷。然而，与新时代新任务新要求相比，珠海市在法治建设上还存在不足，主要表现为：

一是配套立法落后于形势发展。目前，全国已有 25 个省市出台了社会治安综合治理方面的地方性法规，其中，深圳市早在 1994 年便颁布了《深圳经济特区社会治安综合治理条例》，而珠海市尚未出台社会治安综合治理领域的综合性法规，社会治安治理体系主要还是依据中央和地方有关政策和决定。同时，社会治安综合治理的相关配套法规不健全，尤其在一些新兴领域，如流动人口管理、寄递物流管理、企业和社会组织的公共安全责任等方面的立法工作尚未落实，远不能满足形势发展和现实工作需要。

二是不善于运用法治方式化解基层矛盾。随着新的利益群体、利益阶层不断出现，利益主体多元化，利益诉求多样化，新老矛盾交织，化解基层矛盾面临新挑战，特别是对一些历史遗留问题的调处化解比较困难，涉及土地、环保、拆迁等领域的矛盾纠纷仍然多发易发。在此背景下，运用法律对社会矛盾纠纷实施源头化解的能力较为欠缺。现实工作中，重社会稳定轻司法权威、行政干预过多等现象不在少数，法律在维护群众权益、化解社会矛盾中的权威地位体现并不充分。由于社会矛盾预警、协商沟通、救济协助机制、多元化纠纷解决机制尚不健全，群众倾向于通过信访渠道表达诉求，而一些信访者通过缠访、闹访、越级上访获取额外利益，产生了不良示范效应。

三是基层法律服务和司法工作有待加强。以法律顾问进村居为基础的公共法律服务体系建设持续推进，成效明显，但也存在一些问题，如群众法律意识不断提高，而基层干部法治思维的养成还需要一个较长过程。法律顾问的整体业务素质还有待提升，个别律师存在重服务形式、轻服务质量的现象。

（三）社会力量发动挖潜不充分

“人”是社会治理的核心要素之一。近年来，珠海市坚持“专群结合、依靠群众”的方针。一方面，建立了巡防队员、禁毒社工、交通协管员、户管员、保安员等专职群防群治队伍，全市专职人数达 3953 人，同时广泛动员党员、团员、青年志愿者、离退休人员等参与治保、调解、帮教、禁毒、防范邪教、普法等平安综治工作，彰显了群防群治力量的强大作用。另一方面，落实《珠海经济特区志愿服务条例》，促进了志愿服务事业健康发展，全市注册志愿者超过 31 万人，人均参与志愿服务时数 62 小时；大力开展志愿警察、治保会、巡防队等队伍建设，组织 16800 人次参加治安巡逻，现场协助调解纠纷 550 起；社会工作专业人才队伍建设取得新突破，通过国家社会工作者职业水平考试 1845 人，培训登记本土社工员 1846 人，农村、企业、学校等领域的社会工作初见成效。但从总体上看，社会力量建设虽然取得了一定进步，但与预期目标和治安需求仍有较大差距，主要表现在：

一是防控力量运作机制不健全。除了公安机关管理的专职巡控队伍外，社会面的治安防控力量缺乏完善的统一管理协调机制，缺乏专业培训指导，勤务、考核、协作等制度不健全，影响了工作成效。

二是治安巡防社会化程度不高。各防控主体之间信息资源共享不足，存在各自为政、“各唱各的调、各吹各的号”的现象，形成不了合力，制约了整体防控效能。

三是治安防控社会共识未形成。人民群众是最广泛、最活跃的社会治理主体。目前，各行各业人员和社会组织参与社会治理共建共治的程度不高，群众参与社会治安综合治理的渠道较为单一，部分群众存在“你治我安，与己无关”的意识，缺乏积极主动性，未能有效实现政府治理和社会调节、居民自治的良性互动。

（四）科技建设仍有待深化推进

“物”是社会治理的重要增长点。当前，公共安全问题复杂化加剧，各类犯罪智能化、多样化趋势明显。近年来，珠海市结合“智慧城市”“雪亮工程”“智慧新警务”等建设，以现代科技为支撑，加快信息化社会治安防控体系建设步伐，大力推进科技设备和平台的系统建设，在实战中发挥了重要作用。加大基础技防设施建设投入，有效提高了社会治安防控水平。然而，目前信息化治安防控体系建设还存在一些瓶颈问题。

一是视频监控建设应用有待提升。虽持续推进视频一、二期建设，但仍存在建设应用不平衡的问题，西部地区视频监控基础较为薄弱，视频监控覆盖率、高清率不高；基层单位视频应用多停留在依赖人工阅看的传统人力感知阶段，缺乏主动识别与分析研判的技术能力，智能化应用不足；视频图像尚不能实现与刑侦、治安等专业警种、部门数据资源关联共用；社会面视频监控系统建设标准不一、应用分散、共享不足，未能最大化的发挥视频监控的应用价值。

二是精确预警防控能力有待提升。在推进社会治安综合治理“大数据”发展的进程中，信息孤岛和部门壁垒问题依然存在，各类信息整合、数据共享不够，导致动态预警和防控能力不足。例如，视频、手机、上网等信息尚未互联共享，对重点人员活动轨迹的发现能力较弱；对网上网下涉及利益诉求、矛盾纠纷、金融领域、政策调整的群体聚集、滋事进而发展为群体性事件的监测、研判、预警不足；在重点场所布建的视频监控、人像识别、电子围栏等感知设备数量不足，数据尚未完全共享，主动发现危险和处置的能力不足。

三是运用新技术打击能力有待提升。刑事案件发案总体呈现下降趋势，但盗、骗等跨区域多发性侵财案件发案率仍然居高不下，涉毒案件总量减少，但隐蔽性越来越强，虚拟空间的非接触式犯罪快速增长，现有的侦查打击模式应对新的犯罪形势不足，基层侦查部门运用新技术、新手段、新机制的水平不高，案发后被动开展侦查，无法形成有效的侦查研判一体化打击体系，制约了全市整体打击效能。

三、打造共建共治共享社会治理格局的方法路径

党的十九大提出了国家治理体系和治理能力现代化的远景目标。未来，全球化趋势不可避免，世界发展走向普惠、共享和可持续。在新时代新形势下，我们认为，可从以下几个方面入手，进一步加强和创新社会治安综合治理，为打造共建共治共享的社会治理格局贡献智慧力量，推动实现新时代“平安珠海”目标。

（一）以机制体系建设为突破点，推动单元政府管理向多元协同共治转变，实现综合治理

一是强化统筹规划。坚持系统思维，强化顶层设计，以系统视角制定、修订、合并综治工作制度，使制度衔接协调有序，理顺条块关系，压实条块责任，发挥合力作用。按照国家标准，分批次、分层次推进全市各级综治中心和综治工作站建设，整合社会资源，创新治理方式，提升复杂社会条件下的综治组织实战能力。积极推进“综治办＋综治信息系统＋N”运作模式，做到各相关部门横向互联互通，市、区、镇街、村、社区纵向贯通，实现真正的“综合治理”。

二是注重上下联动。推进综治网格化建设，健全协调联动机制，统筹各种资源力量，通过资源整合，配备专（兼）职网格员，做到定格、定人、定职、定流程管理，构建“多网合一、一格多员、一岗多责”的网格化管理体系，把人、地、物、事、组织等基本治安要素纳入服务管理，把资源、服务、管理下沉到网格，形成“全科网格”，做到“大事全网联动、小事一格解决”，实现从被动应对到主动发现、从坐等上门到走访巡查、从静态数字到动态实情、从专项行动到常态防控的转变，切实提升基层治理水平。加强专职队伍建设，配齐配强村（社区）治保主任，强化基

层综治队伍业务培训，改善办公条件和工资待遇，激发基层综治干部和队员的工作积极性。注重村（社区）警官、村居法律顾问、驻村“两委”干部和村（社区）治保主任间的信息共享、协调联动，逐步建立“四位一体”的联防联动工作模式和机制。

三是优化平安指数。在科学研究的基础上，逐步将全市“数字城管”、食品安全等相关数据纳入，进一步优化计分方法和取值方式，构建运行新版平安指数，更加科学、全面地反映城市各区域平安状况的变化趋势。以强化研判、预警、督导等功能为重点，修定完善平安指数工作机制，真正以指数为引领，以问题为导向，提升主责意识，加大保障投入，理顺工作机制，强化工作措施，切实履行好平安综治工作责任，保一方平安和谐稳定。运用“互联网+”思维，将平安指数工作机制的调整优化，与全市“综治中心+网格化+信息化”的建设工作有机结合，融合推进，使优化后的平安指数能更有效地对接多部门数据系统，更全面地反映城市社会治理工作内容，更实时地回应群众平安期盼，更精准地引导各区和镇街开展社会治安综合治理，推动实现“全民创安”。

（二）以法治建设为支撑点，创新依法治理方式方法，破解基层治理难题

一是加快治理领域立法进程。充分运用特区立法权和较大市立法权，加快社会治安综合治理领域立法进程，发挥法治的引领和规范作用，着力解决影响社会治理的突出问题。例如，根据珠海市新一轮大发展必将带来人口大增长，管理难度相应加大的趋势，加快推动《珠海经济特区流动人口服务管理条例》和《珠海市房屋租赁管理规定》的立法进程，通过法治规范化手段破解流动人口服务管理中遇到的问题。

二是完善社会矛盾纠纷化解机制。建立调处化解矛盾纠纷综合机制，完善人民调解、行政调解、司法调解联动体系，引导社会力量参与社会矛盾纠纷的化解，构建大调解联动格局。建立重大矛盾隐患预防处置机制等，引导群众依法反映诉求、依法维护自身权益。不断提升社区治理和服务水平，建立健全法治化的社区治理体系，形成党政善治、居民自治、社会共治和厉行法治有机结合的社区治理格局。

三是加强基层公共法律服务。积极打造“法律事务咨询、矛盾纠纷化解、困难群众维权、法律服务指引”的公共法律服务平台，形成覆盖城乡、功能完备、便捷高效的公共法律服务网络体系，实现公共法律服务的标准化、精准化、便捷化，为基层群众提供普惠性、公益性、可选择的公共法律服务。

（三）以社会力量建设为落脚点，打造全民参与的共建共享格局，推动实现长治久安

一是创新群防群治力量管理机制。在市综治部门的统一领导下，依托市、区、街（镇）、村（居）四级统筹架构，整合公安、城管及社区各类治安防控力量，强化专业培训和队伍管理，构建科学管理、快速反应、依法处置、协同保障、优势互补、

资源共享、全天候运转的群防群治辅助力量实战体系，并与“110”“120”等指挥平台实时联动，形成强大合力，打牢防控根基。通过政府购买等方式，进一步发挥社会组织和社会工作专业人才在矛盾调解、社区戒毒等基层治理方面的作用。

二是创新信息资源整合共享手段。充分利用移动互联网、大数据、物联网等新技术和微信等网络工具，加强群防群治综合信息系统建设，积极打造全民参与的治安防范 APP，搭建公安机关与群防群治力量联通共享的信息收集、扁平指挥、协同联动等工作平台，推动传统组织模式、工作方式转型升级，实现社会治安综合治理的“力量倍增”。

三是创新群众自治方式方法。群众自治是公众参与的基本形式。一方面，要充分吸收和借鉴国外先进经验，通过深入发动、广泛宣传等形式，推广“志愿警察”等群防群治新兴形式，完善志愿服务的管理、培训制度以及志愿服务评价、回馈等激励机制，动员和鼓励社会志愿者、公益事业热心人士，在公安机关及人民警察的组织带领下，志愿开展社会治安防控工作，凝聚全民参与社会治安综合治理的共识。另一方面，要学习发扬新时代“枫桥经验”，注重把物流寄递、快餐配送、物业管理以及特种行业、娱乐场所从业人员等新兴行业力量组织发动起来，发挥他们社会触角广、接触人员多、掌握信息鲜活的优势，让其成为社会治安基本要素的“千里眼”和“顺风耳”，在珠海市催生一大批像北京“朝阳群众”、广州“白云快递小哥”那样让不法分子胆寒的群防群治力量，更加及时掌控社会动态、发现治安问题、提供预警信息，确保快速反应处置，有效弥补专业力量和专业手段的不足，筑牢政法机关维护社会长治久安的群众基础。

（四）以智慧城市建设为增长点，加强和完善信息化社会治安防控体系，提升治理效能

一是加强视频监控系统建设。坚持“数据融合、平台开放、智慧应用”理念，通过科学的规划设计，增加资金、人员投入，构建物理分布、逻辑统一的视频云。建立以视频图像为主、多种资源关联叠加的全市视频资源智能化服务体系，实现信息的整合和汇聚，为社会治安防控提供一个资源共享、能力开放、安全可控的多元化视频资源服务平台。在此目标下，构建视频图像智能化应用，形成视频感知多维化、视频资源一体化、视频服务深度化、业务支撑个性化的视频建设应用新格局，实现视频监控应用价值的最大化。

二是构建精确预警防控网络。通过采用物联网智能终端采集、部门间交换共享、专业化数据服务和人工采集核查等手段，广泛获取公安业务数据、政府监管数据、社会行业数据、互联网活动数据等数据资源，全面获取人、地、物、事、组织等基本信息及吃、住、行、消、乐等动态信息，实现对社会治安要素的全时空感知，构筑敌动我知、未动先知的安全防线。重点完善高危人员监测预警体系、动态智能感

知的重大事件监测预警体系、全程追踪可控的重点车辆监测预警体系、分类分时盯控的重点部位监测预警体系，做准做精预测预警，服务决策指挥，服务一线实战。

三是提升智慧侦查打击能力。立足新形势下违法犯罪特点，推动现有侦查体制机制改革，打破警种、地域界线，形成侦查技术、侦查能力、侦查资源的有机整合，构建全市一体化的侦查作战体系。充分发挥数据融合优势，加强类案侦查模型、串案模型等开发应用，加强犯罪嫌疑人画像、重点人员标签建设，推动犯罪热点分析、犯罪规律分析等在侦查领域广泛应用，提高侦查部门对犯罪的预测预警能力。依托时空大数据构建全市犯罪地图，对多发性、智能化、网络化犯罪进行全景式分析研判，加强与互联网公司的数据协同和情报共享，构建非接触式侦查打击新机制，实现个案侦破向全链条打击转变，全面提升打击违法犯罪的能力。

诸城深化警务机制改革
构建实施信息化条件下的整体警务战略

单东升*

摘　要： 诸城市公安局树立了以人民为中心的发展理念，并以警务机制改革为突破口，实施整体警务战略，建立起“统一情指保障、整体治安防控、整体刑事侦查、整体执法监督”的警务工作体系。实施整体警务战略，纵向压减指挥层级，使得警令畅通高效；横向削减机构设置，达到一警多能；工作机制内联外协，实现了整体作战。推进整体警务战略，必须坚持党的领导，为深化公安改革提供组织保障；坚持创新驱动，为深化公安改革提供全新视角；坚持问题导向，为深化公安改革提供指导方向；坚持规范引领，为深化公安改革提供制度保障。

关键词： 警务机制改革　整体警务战略　诸城市公安局

新时代呼唤新警务！随着改革的步伐迈入新时代，尤其是党的十九大之后，山东省诸城市公安局审时度势、主动作为，不断深化警种机制改革，创新实施信息化条件下的整体警务战略，以回应人民群众对基层公安机关的新期待，满足人民群众对警务工作的新要求。2017 年以来，诸城市公安局在市委、市政府和上级公安机关的正确领导下，按照“大部门、大警种”和“着眼实战、着力实效”的思路，树立以人民为中心的发展理念，以警务机制改革为突破口，实施整体警务战略，建立起“统一情指保障、整体治安防控、整体刑事侦查、整体执法监督”的警务工作体系，全市公安工作和队伍建设取得了新发展新进步。

一、实施整体警务战略的理论与实践基础

整体警务战略就是坚持以习近平新时代中国特色社会主义思想为指导，以人民

* 单东升，山东省诸城市副市长，诸城市公安局党委书记、局长。

为中心的发展理念为导向，以信息化技术为支撑，打破科所队壁垒，整合警务资源，汇聚各警种部门力量，重塑警务架构、再造警务流程，实现各警务主体对整体警务工作负责，履行好“对党忠诚、服务人民、执法公正、纪律严明”的职责使命，更好地为人民提供无缝隙的公共服务。

（一）实施整体警务战略的思想基础。党的十八大报告中指出，要按照建立中国特色社会主义行政体制目标，稳步推进“大部门、大警种”制改革，健全部门职责体系。创新行政管理方式，提高政府公信力和执行力，推进政府绩效管理。党的十九大报告中指出，要统筹考虑各类机构设置，科学配置党政部门及内设机构权力、明确职责。在省市县对职能相近的党政机关探索合并设立或合署办公。中央政法工作会议、全国公安厅局长会议要求，要全面深化公安改革，着力解决管理体制不科学、力量结构不合理、警务运行不顺畅、实战能力不强等突出问题。全国“两会”结束后，国务院机构改革、公安改革全面铺开。从中央和国家战略层面可以看出，打破分割、强化整合、构建整体政府，已越来越引起党和政府的高度重视，并成为我国政府改革的重要内容。公安机关作为政府部门的重要组成部分，创新实施整体警务战略，既是贯彻落实上级精神、构建现代警务的必然要求，也是公安工作主动适用当前治安形势需要、适用信息时代发展需要的重要举措。

（二）实施整体警务战略的理论借鉴。20 世纪 90 年代中后期开始的以整体政府为理念的第二轮政府改革运动，受到越来越多国家地区的认可，成为目前各国政府改革的新趋势。整体政府就是树立横向与纵向协调的理念，以解决人民的生活问题为政府运作的核心，通过整合各级政府的治理功能及部门之间的整合性运作，增强整体性、相关性，以及部门间的关联性，共建、共治、共享，实现各种公共管理主体在共同管理活动中的协调一致，为公民提供无缝隙服务。整体警务的理念来源于整体政府，在于通过研究警种架构、资源整合、相互间的协同等，打破和“模糊”各警种单位传统的职责界限，构建职能整合、资源共享、责任共担、协作集约的整体统一、相互支持的警务体系，为人民群众提供无差别、无缝隙的公共服务。

（三）实施整体警务战略的现实需要。廉政建设方面：党的十八大以来，各级反腐倡廉的力度、广度和深度不断加大，尤其是监察委员会挂牌成立，其中一项重要职责就是让监督执纪“四种形态”成为常态，实现对行使公权力的公职人员依法监察全覆盖。这就要求公安机关不断自我加压、自我革新，以问题倒逼改革，建立适应新形势的警务体系，堵塞漏洞、解决问题，以履职尽责的到位、工作措施的到位避免追责、实现免责。群众需求方面：随着人民群众对社会管理服务等的要求越来越多、越来越高，公安机关要有效回应人民群众日益增长的多元化、个性化服务需求，不断创新管理服务手段，为人民群众提供更加便利、迅捷的服务。治安形势方面：受国内外诸多因素影响，呈现出传统风险与新生风险相互渗透、现实风险与潜在风险相互交织的复杂局面，这就要求提高公安机关在应急反应、指挥调度、资源配置、运行效率等方面的综合能力，要跨越警种部门和层级界限，甚至引入公安外部力量，采取协同合作、统一集约的战略措施，以有效应对处置各类风险。公安自身方面：目前，各警种部门分工过细，单打独斗、各管一摊、各自为政，造成警务融合度不高、警力内耗闲置、警务资源重复浪费、职责碎片化，协作不畅、效率低下等问题，影响了公安工作的开展和效能的发挥，迫切需要破除部门壁垒，再造警务流程，降低警务成本和内部损耗，实现优势互补、整体施策、综合治理。

（四）实施整体警务战略的实践基础。自 2017 年以来，诸城市公安局坚持“机构保留、职能整合、职级不变、警力集约”，实行“大部门、大警种”制改革，把 22 个警种部门整合为 9 个， 71 名警力下沉到基层一线，取得了明显的成效，抓获犯罪嫌疑人数、破案数大幅提升，信访积案清零，执法问题数据减少了四分之三，警令更加畅通，队伍的精神状态进一步好转。改革的做法得到山东省公安厅和潍坊市公安局领导的肯定。整体警务是“大部门、大警种”制改革的深化和提升，即进一步打破专业分工、层级节制、条块分割的警种壁垒，以警务流程再造为中心，构建多节点交叉网络体系，促进警种横向职能整合、联动协作，纵向优化层级分工、压缩指挥层级，实现整体警务效能的最大化。

二、实施整体警务战略的几点做法

在完成“大部门、大警种”制改革的基础上，进一步淡化警种意识，既突出刑警、国保、监管等专业警种的职责分工，又把各警种单位一些基础性的管理服务、具有共性的工作进行再融合、再整合，依法赋予新的职责分工，优势互补，合作协作，构建起“决策、打击、防控、管理、服务、监督”既相对独立分离、自成体系，又相互关联、整体运作的“统一情指保障、整体治安防控、整体刑事侦查、整体执法监督”四大警务体系。

（一）突出实战实效，统筹“四部”职能，构建统一情指保障警务工作体系

1. 指挥保障一体化。突出指挥中心的龙头作用和在警务活动中的指挥权威，把指挥中心、情报大队、警务保障处、信通中心整合为情指中心，集指挥调度、情报研判、辅助决策、视频巡控、保障服务于一体，打造县级公安机关的“指挥部、参谋部、作战部、保障部”，实现科学布警、集约用警、扁平化指挥、综合性保障。

2. 岗位设置标准化。按照“人员权威、信息权威、职责权威”要求，以服务实战为导向，科学界定情指中心的职责，设立综合勤务、人员管控、事件预警、资源管理、数据决策、综治平台、指挥调度和视频巡控等 8 个岗位，配备民警 11 名，并从中遴选 4 名民警担任指挥长，赋予指令权、访问权、指导权、审核权、考核权，

以及人员、前科、轨迹、物品、特征等五大类系统的高级查询权限；在刑警、交警、治安、特警、国保、消防等警种单位及19处派出所全部设立勤务指挥室，值班领导轮流兼任勤务指挥长，依托打防控侦一体化平台，接处情指中心的指令任务，部署值班备勤、情报研判、视频巡逻、执法监督、勤务管理、“平安指数”落地等工作，实现了“警情、情报、指挥、勤务、指导、实战、保障”的互动融合、支撑互补、无缝衔接。

3. 工作平台信息化。研发应用巡防控侦一体化平台，进行多平台联通，信息一键贯通，实现了报警电话定位、警力部署、视频监控资源、区域人口信息等基于电子地图的可视化查询和信息展现。对接报的110警情、突发的案事件，自动在电子地图中显示位置和周边警力，情指中心通过数字通信系统，可视化、“点对点”精确指挥街面巡控警力，就近出警、先期处置，周边警力快速支援，最大限度地缩短了响应时间。

（二）突出巡处管控，狠抓“三项”重点，构建整体治安防控警务工作体系

1. 整合街面警力，实现合成化巡防。坚持“防为主、巡为上、控为本”，把城区划分为五个网格，建立起交警负责城区主干道、特警负责次干道及重点场所部位、派出所负责巡逻处警、社区民警负责背街小巷、机关民警包靠支援的合成化巡防工作机制，统一编排勤务，网格布警、全时流动，最大限度地将警力摆在街面上，负责处置发生在街面的110警情、查纠交通违法行为、疏导交通、调解纠纷、制止违法犯罪行为、受理群众求助，以及行使法律赋予警察的其他职权，有效地避免了因警种单位的分工不同、各管一摊而造成的警力浪费，确保了力量投入不重复、巡防时空不间断、街面警务全覆盖。

2. 整合管理职能，实现一体化管控。坚持“职能整合、职级不变、警力集约”，整合治安大队的内设机构，组建5个治安责任区中队，每个责任区中队包靠负责3~5个派出所，警力全部下沉到派出所，在赋予每个责任区中队管理责任区内的危爆物品、场所行业，以及单位内保、人口管控、业务指导等治安管理职能的同时，又负责督导、检查、指导派出所开展治安防控、人口管理、信息收集、矛盾化解、服务群众、巡逻防控等基础管控服务工作，与派出所实行“捆绑式”考核，责任共担、整体追责问效，实现了单项执法向综合执法转变，偏重业务指导向业务指导与监督并重转变的“两个转变”。按照“突出重点、辐射周边、有效控制”的原则，深化城乡社区警务规范化建设，确定82个重点社区警务室，配备82名专职社区民警，赋予社区民警在辖区内的社区治安管理、人口管理、消防监督、国保工作、交通管理、场所行业管理等基础业务的管理权、监督权和处罚权，并明确规定，非经市局批准不得抽调社区民警从事接处警、值班备勤等勤务，以及离开辖区参加其他工作，使社区民警真正融入社区，确保了工作有人干、不空岗，责任有人担。

3. 整合处突力量，实现专业化处置。坚持“部门联动、多警协同、专业处置”的要求，实行应急处突器械装备“集中存放、集中管理，按需申领”，对发生的突发性事件、群体性事件、重大安全生产事故、治安灾害事故等，由情指中心统一下达指令，值班局领导现场指挥，交警、特警、刑警、治安、法制等警种部门参与，相关派出所协助处置，按照职责分工，开展交通管制、现场处置、调查取证等工作；安监、住建、通信、燃气、卫计等部门按需参与，充分发挥专业技能的优势，高效稳妥地予以处置，做到了“统一指挥、一呼百应、八方支援”，为综合应对处置工作提供了强有力的保障。

（三）突出打击主业，强化“三个”环节，构建整体刑事侦查警务工作体系

1. 打击职能整体布局。把所有警种业务纳入实战化改革范畴，将刑警大队、经侦大队、禁毒大队、食药环侦大队、合成作战大队、反信息诈骗大队整合为刑侦大队，下设5个大要案专业队、5个责任区中队和9个专业实验室；治安大队组建行动队，特警大队组建突击队，国保大队组建专业队。在案件侦办过程中，既注重案件侦破的专业性，又注重全警参与破案，促进了打击工作由粗放型向专业化、规范化、集约化转变，形成了整体合力。

2. 打击体系全局构建。整合全局打击资源，实行“队内整合”：刑侦大队大要案专业队分为8个探组，负责侦破系列性、全局性大要案件；“所队融合”：每个刑侦责任区中队包靠3~5个派出所，实行捆绑考核，负责一般刑事案件；“队队协作”：专业队与责任区中队、治安行动队、特警突击队、国保专业队、刑事技术室分工协作；“社队配合”：社区民警负责基层基础工作，提供案件线索，协助抓捕等，消除了原先单个警种负责、力量分散的弊端，形成了警力统一指挥调配，专业队和各中队、派出所、社区民警各有侧重、密切配合的打击新模式。

3. 信息导侦合成作战。坚持“现勘主导、视频同步、情报引领、技术支撑、同步上案”，建立合成作战中心，整合刑事技术、情报、技侦、网侦、图侦等职能，集约大情报、云搜索等30余种公安系统查询权限，建立常态研判、按需研判和应急研判工作机制，资源同步共享，加强对数据信息的加工提炼和共享，建立“以打促防”“以防促打”“由人扩案”“由案到人”“由案到案”“以车找人”“视侦找人”等多种模式，以大数据服务一线侦查破案。

（四）突出全程监督，组建“四个”中心，构建整体执法监督警务工作体系

1. 执法问题“一键”分流。成立执法监督中心，整合情指中心、政治处、督察、法制、信访等10个渠道的监督职能，设置受立案监督区、督查督办区、视频巡查区、电话回访区、会商研判区、考核考评区等六个分区，每天对所有受理的执法问题、民意诉求进行分类，划分为“重点关注问题”“一般关注问题”“即时整改问题”，依托公安局域网一键流转到相关警种单位进行处理，实行轻微问题即时提醒、一般

问题督促整改、突出问题挂牌督办制度，严格问责追效，消除了多头监督、力量分散、效能不高的弊端。

2. 案件受立“一口”负责。成立案件受立管理中心，在市局设立案件受理大厅，基层一线单位设立案件管理室和受立案窗口，由法制案审大队管理，应用执法办案闭环管理系统，落实案件“统一入口、统一审核、统一出口”的“三统一”机制，全程管控“警情、案件、场所、物品、卷宗”等执法要素，加强执法巡查、执法考评，实现了闭环监督、全程指导，杜绝了案件有案不立、立案不查、“体外”循环等问题。

3. 办案场所“一站”管理。成立执法办案场所管理中心，在刑侦大队建立诸城市公安局执法办案中心，在兴华路派出所建立城区办案中心，城区所有刑事、行政案件到执法办案中心办理，由市局统一保障、法制案审大队统一管理，研发应用执法办案场所管理系统，实现对执法办案流程的“一站式”管理、智能化管控、无缝隙监督。在昌城、皇华、贾悦、相州分别建立农村派出所办案中心，实现农村的重特大案件全部集中到办案中心办理，确保了执法规范、安全。

4. 涉案财物“一网”流转。在市看守所建设公检法一体的涉案财物管理中心，设立大宗物品敞开式管理区、一般物品仓储式管理区和特殊涉案物品封闭式管理区，应用涉案财物一体化管理系统，实行条码扫入、分类标注、统一管理、密封储存，“一案一档，一物一号”，做到“人、财、物、案卷”分离，实现涉案财物信息的实时共享、无缝化流转和公检法“换押式”随案转移，有效解决了涉案财物管理不规范、管理方式落后、松散无序，以及公检法涉案财物移送难度大等问题。

三、实施整体警务战略的初步成效

（一）纵向压减指挥层级，警令畅通高效

以警务实战化建设需求为导向，改变过去市局、警种、所队多层级“金字塔”型勤务指挥管理体系，依托巡防控侦一体化平台，突出警情、勤务在警力、警务资源配置中的导向作用，建立“情指中心—基层一线实战单位”的警令传递体系，由情指中心负责勤务指挥、情报归口处置、数据综合研判、线索评定指派、决策支撑、精确打击、动态布警等工作，进一步压缩指挥层级，优化层级分工，“点对点”下达指令，实现了扁平化指挥、轨迹可视、数据汇聚、行踪掌控、精确打防的总体目标。

（二）横向削减机构设置，实现一警多能

按照“做大做强基层所队、做优做精局直机关”的思路，把职能相近的科队拆解重组、优化整合，警种单位由原来的22个压减到9个，构建了业务流、信息流、管理流等警务要素向一线实战单位汇聚融合、互联共享的警务体系，实现“多警合一”，解决了警种单位之间壁垒孤岛、职能交叉、职责脱节等问题；同时，按照“精简、

高效、统一”的原则，大力压减警种内设机构的数量，结合工作实际，重新设定职责，下沉无基层一线经历的警力71名，增加单警职能，扩大管理幅度，实现“一警多能”，解决了公安“碎片化”资源所导致的警力浪费、人浮于事等问题，以及机关化、行政化倾向的积弊。

（三）工作机制内联外协，实现整体作战

在内部联合方面，以信息化为支撑，通过公安机关各警种、警务体系之间的横向联合及不同区域间的警务合作，技术警种与业务警种优势互补，基础警务与专业警务统筹共进，实现了警务工作由传统粗放型向集约高效型转变，整体效能和管理服务水平进一步提高。在外部协作方面，加强与安监、司法、民政、住建等市直部门的协作，采用嵌入、替代、互补等方式，提供“一对多”或“多对一”的无缝隙公共服务，实现了非警务活动、非警务警情的实时分流、各尽其责、联动处置，缓解了基层警力不足的压力，实现了从公安机关“唱独角戏”向社会各级各部门齐抓共管、共建共治、综合处置的转变。

四、实施整体警务战略的思考启示

（一）推进整体警务战略，必须坚持党的领导，为深化公安改革提供组织保障

公安机关是党的“刀把子”，必须旗帜鲜明地讲政治，要始终把公安工作置于党的绝对领导之下，把公安改革放在新时代中国特色社会主义建设的大局中来统筹谋划。诸城市公安局积极作为、攻坚克难，破除因循守旧、僵化的思维，主动运用现代管理方法，打破固有的工作机制，按照上级部署和经济社会发展的理念进行改革创新，规划公安事业的发展，牵引和规范警务工作，推动解决公安机构调整、人员编制、项目资金、经费保障等机制性、体制性难题，主动适应新时代人民群众对公安工作的新期待、新要求。

（二）推进整体警务战略，必须坚持创新驱动，为深化公安改革提供全新视角

整体警务的理念借鉴于整体政府理论，来源于“理论指导实践—实践提升理论”的过程，是思想的革新、实践的升华，是公安改革的一次有益尝试和创新。整体警务离不开实践的基础和科技的支撑，是“大部门、大警种”制改革的理论提炼，通过重构警务体系、重组警务要素、再造警务流程，实现效能最大最优最佳，并在实践中不断地进行检验和验证，进一步丰富和充实整体警务的理论体系，为深化公安改革、解决“碎片化”问题等提供了全新的理论指导和改革视角。

（三）推进整体警务战略，必须坚持问题导向，为深化公安改革提供指导方向

问题是改革的动因，是“牛鼻子”。公安改革是牵一发而动全身的系统性改革，是实现警务资源整合优化和有效配置的具体措施，是提升打击效能、严密治安防范、

提升群众安全感的重要手段，也是强化队伍管理、提升队伍精神面貌的有力抓手。在科学技术飞速发展的情况下，树立数据警务、智慧公安的理念，依托实用便捷、智能智慧的实战化平台，统筹公安机关的警力、物力、财力、技术、管理等要素资源，把打击犯罪、治安管理、维稳安保、执法监督、队伍管理等职能进行调整重构、集约配置，既按需设岗，消除按事设岗、上下一致的弊端，又按法定权限设岗，人适其岗、人尽其责、权责清晰，推动了信息化条件下公安工作和队伍建设的精细化、标准化管理。

（四）推进整体警务战略，必须坚持规范引领，为深化公安改革提供制度保障

诸城市公安局新一届党委强化改革宣传，统一思想认识，凝聚全警共识，不断向广大民警解读、灌输、传导整体警务战略的蓝图，调动和激发民警参与改革的内生动力，使整体警务战略成为了全警共同的工作规划、愿景目标、价值所向，做到上下同心、同频共振。制定落实《整体警务工作实施意见》《警种单位职责分工》等一系列制度规范，加强各职能部门之间、职能部门与派出所之间的协作配合，建立警务体系之间、警种之间、民警之间相互了解、相互尊重、相互信任和支持的“桥梁”，有力促进了措施落实，保障了工作开展。

深化改革背景下县级公安机关需要正确处理的几大关系

库进平*

摘　要：县级公安机关不断改革创新，其工作质态和队伍的精气神得到持续的改善和提升，进一步深化改革，必须正确处理好绩效考核与实事求是的关系、顶层设计与底层落实的关系、队伍专业化与总揽全局的关系、传统经验与规范执法的关系，确保中央改革精神落到实处，发挥作用，打通“最后一公里”。

关键词：深化改革　打通“最后一公里”　县级公安机关

近年来，县级公安机关通过不断固本强基和改革创新，其工作质态和队伍的精气神得到持续的改善和提升，但在一些细节问题上，还有进一步提升的空间。

一、绩效考核与实事求是的关系

不可否认，绩效考核在完成目标任务、推进工作任务、落实政策规定、提升工作质态等方面发挥了重要作用。绩效考核是各地区、各部门、各行业共同认可并卓有成效的管理手段。县级公安机关的各项工作都是围绕着上级公安机关的考核细则开展和推进的。一级考核一级，一级对一级负责，层层传导压力，就像一台精密的机器按部就班、严丝合缝地进行运转。但是，任何事物都是一分为二的，其发展变化过程都是量变和质变的对立统一。古语有言，“上有所好，下必甚焉”“重赏之下，必有勇夫”。如果绩效考核的框架、机制、方法和权重不同，那么基层所队为了实现考核目标而采取的工作重点、工作方法、工作节奏、工作力度就会有所不同。考核分值大的项目肯定是基层所队主动工作的重点，对于分值小的项目民警们则可能

* 库进平，江苏省苏州市公安局吴江分局盛西派出所民警。

无暇顾及，从而导致顾此失彼，出现基层基础工作的“长板”和“短板”问题。

绩效考核作为开展基础工作的指挥棒，其中设定的项目、方法和分值，会对基层所队的日常打防管控工作带来重大影响。例如，绩效考核方案中设定的治安打击数和入所人员手机信息采集率等，会直接影响到打击处理工作的数量、节奏、质量和社会效果。这些刚性目标的设定必须科学合理，需要经过严密规范的测算和评估；应当按照“需要与可能”的原则，兼顾辖区社会治安状况、近期违法犯罪警情发案情况、上级公安机关的中心工作、本单位近三年打击处理平均数等因素，经过深入的调查研究后予以确定。

一个科学合理且有层次、有梯度的绩效考核方案，必然能涵盖基层单位人口管理、治安管理、案件办理、侦查打击、服务群众、打防管控一体化等方面，其考核的项目、手段、分值的设计，必然是兼顾了基层所队数项重点工作的对比关系，考量了上级公安机关的中心工作和重点任务，并顺应了上级机关的考核意图。

二、顶层设计与底层落实的关系

党的十八大以来，事关公安工作的顶层设计不断推陈出新，大大方便了基层民警开展工作，进一步解放了基层警力，让群众办事更加便利，有效提升了群众的满意度，但仍然存在着“最后一公里”没有打通的问题。

例如，目前行政案件办理存在着程序烦琐、重复、空转、交叉等问题。为了减轻基层民警的办案压力，上级公安机关下发文件，对简化行政案件办理程序做了大量明确细致的部署，其可操作性和针对性极强，适当省略和简化了行政案件办理程序，同时减轻了办案民警和案件当事人的负担，但这些在基层所队并没有得到落实。再如，文件规定，行政案件有被侵害人的，被侵害人直接在《行政处罚决定书》上签名，无需另外签署《送达回执》；行政案件的呈请类文书，在大平台内，经电子签章之后，不必打印附卷；受案登记表、询问笔录等案卷材料能够完整体现犯罪嫌疑人到案过程的，不再制作“抓获经过”或“到案经过”。但这些切切实实的减负措施，在实际工作当中并没有贯彻执行到位，目前还是按照老办法进行工作，耗时耗力，浪费警力。

深化改革顶层设计高瞻远瞩，切中要害，如果不能有效落实执行，这些充满务实精神的文件就会成为摆设。要解决这一问题，上级公安机关应当加强改革督察工作，检查上级公安机关出台的各种深化改革文件的落实是否到位，并按照习近平总书记抓改革落实、抓督察问效的重要指示精神，采取听取工作汇报、查阅相关资料、走访基层一线、走访社会群众、发放调查问卷、反馈通报情况等方式，进行专项督察和考评，加强问责督促，确保改革文件精神落到实处，发挥作用，打通“最后一公里”。

三、队伍专业化与总揽全局的关系

目前，公安改革愈加重视警种和业务的专业化问题。这是理论和实践深度发展和进步的必然结果。一个社会越发达，其社会分工就越精细。公安工作亦是如此。但是，在我国社会深刻变革和对外开放不断扩大的条件下，各种社会矛盾和问题相互叠加、集中呈现，任何单一的警种和部门均无法有效地应对和解决，这就需要协作和拓展，不仅要做精本专业业务，还要仔细研究周边相关业务，做到触类旁通。

例如，目前基层尤其是农村地区大量存在国内公民私自收养弃婴的问题，由此导致的收养人员无户口的情况十分常见。每个家庭私自收养的情况千差万别，造成不能及时登记户口的原因也不尽相同。由于涉及法律规定、政策限制、历史条件、风俗习惯等，要解决这类问题十分困难。一方面，要由国家层面出台文件，要求各地区各部门必须下大力气解决无户口人员的户口问题；另一方面，户口登记是一项极其严肃的法律问题，必须制定严格的规范和程序。就外部关系而言，根据不同的情况，为弃婴登记户口可能涉及公安部门、卫生部门、公证部门、司法部门、计生部门、社会福利机构、社区（村）等；就内部关系而言，涉及人口管理部门、刑侦部门、法医鉴定部门、派出所等。目前，为弃婴登记户口，尚无统一权威明确规范的操作流程。

针对这一问题，县级公安机关人口管理部门应当作为牵头部门总揽全局，统一研究政策和应对方法，确保其他部门的政策方法与公安机关办事流程相配套相适应；同时，梳理公安机关内部的事权和职责，制作统一的弃婴登记户口办事指南，明确规定办理事项的责任部门、办理标准、办理时限、先后顺序、所需材料等，使基层民警和办事群众一目了然，不让办事群众“往返跑”。

四、传统经验与规范执法的关系

基层民警开展公安工作，除了依据大量的法律法规、程序规定外，还有一个很重要的法宝，那就是“传统”。任何基层工作的有效开展，都离不开优良的传统。

但是，任何先进的事物都有其落后、消亡的过程。一个优良的传统，可能在此时此地是可行的，但在彼时彼地就行不通。况且，社会生活日新月异，新的情况和问题不断涌现，用陈旧的经验解决新生的问题，可能会出现“水土不服”的情况。

例如，群众在报警之后，为了保全证据、诉讼仲裁、维护自身权益等，都会向派出所申请调取《报警记录》（大平台上称之为《接处警工作登记表》）。传统做法和现行做法都是本着便利群众、提升满意度的原则，将其直接开具给报警人。但是，这在便利群众的同时，也存在着一些问题。第一，报警类型。什么样的报警情况才能开具《报警记录》，仅就公安机关管辖的事项进行开具，还是只要群众报警不管什么情形都开具。第二，调取事由。是确定报警人需要起诉或仲裁时才能开具，还是只要群众要求开具我们就开具，不深究群众开具该文书的动机和目的。第三，调取主体。是报警人自己来调取，还是委托律师或者其他诉讼代理人来调取，或是由办案法官等公权部门来调取。第四，出具对象。一个报警事项往往涉及双方当事人，是出具给一方，还是出具给双方，或是出具给报警的一方。第五，表述方法。中国汉语文字博大精深，接处警的内容怎么表述，如何理解，这里面大有文章。哪怕是同样的表述，不同的人从不同角度去理解，也能得出不同的结论。如此种种，不一而足。

目前，针对此类现象，上级公安机关没有制定具体权威明确的操作流程。大量的此类文书流转到其他部门、其他渠道，做不同用途，可能会使公安机关产生不同程度的负面影响。

为了便利办事群众，规范基层民警办事流程，按照问题导向的原则，上级公安机关应当针对该情况进行调查研究，广泛征求人民法院、劳动部门、公证部门、律师、办事群众、基层民警等单位和个人的意见建议，结合当地的实际情况，对该问题涉及的报警类型、调取事由、调取主体、出具对象等要素进行全面详细的设计和规范，出台文件，下发基层执行，使基层民警有规可依，有规必依，同时方便群众办事，减少因顶层设计不到位引发的群众不满意问题。

大数据背景下犯罪预防的实践与思考

——以苏州警务实践为例

张老九*

摘　要：大数据时代的犯罪，犯罪主体多元化、年轻化，作案方式智能化、专业化，作案手段多样且不断出新，犯罪成本低，但社会危害性巨大，侦防难度更大。我们要深入分析和认识犯罪的新变化新特点，积极采取相应的预防对策。苏州警方的实践表明，建设和运用大数据模型系统来预防犯罪，超前预防、主动预防、深度预防、合成预防、联动预防都切实可行，都具有显著的实用性和可操作性。以大数据建设与智能运用来预防犯罪，关键在于认识和把握其规律，一要善于运用“大数据＋机制”来治理和预防突出犯罪问题，二要更加自觉地强化基层基础建设以确保大数据智能系统拥有全面、系统、鲜活和准确的基础数据，三要更加有效地推动数据共享和合成作战，把各警种各部门各层面的“工作链”变成“数据链”，以“数据链”服务和推动“工作链”。

关键词：大数据时代　预防犯罪　苏州警方

互联网和大数据背景下的犯罪呈现诸多新的变化和特点，有效的智能预防才是治理犯罪的“上上策”，也是新时代“枫桥经验”的基本要求。以大数据的建设和智能运用来预防犯罪，不仅具有现实可行性，而且具有非常显著的实用性和可操作性。以建设和运用大数据来预防犯罪，关键在于把握大数据背景下预防犯罪的规律，践行好“枫桥经验”的精髓，更有效地以大数据来夯实基层基础、强化源头预防，进一步推动犯罪预防的共建共治共享格局，全面提升平安建设的能力和水平。

2018 年是毛泽东同志批示在全国推广“枫桥经验”五十五周年，也是习近平总书记指示坚持发展“枫桥经验”十五周年。中央政法委要求，进一步总结提炼新时代“枫桥经验”，推动形成社会治理共建共治共享格局。“枫桥经验”的核心要义是“依靠群众化解矛盾，预防犯罪，少捕慎捕，治安好”，新时代“枫桥经验”，关键在

* 张老九，公安部公安发展战略研究所城市警务研究中心研究人员。

于针对各类犯罪问题的发展变化，以及相对应的防范与打击犯罪的条件的变化，与时俱进，不断开拓创新，形成具有新时代特点的防范打击犯罪新模式和新机制。大数据条件下的新型犯罪及其给犯罪治理增加的难度，确实给我们带来了新的挑战，当然也为我们有效治理犯罪问题提供了有利条件。正确认识大数据时代新的犯罪特点，并善于运用新科技手段来对付犯罪问题，这是当前和今后一个时期必须不断深入研究和实践的重要课题。笔者结合苏州警方的工作实践，就如何以大数据建设和运用来预防犯罪谈些自己的认识。

一、互联网和大数据时代的犯罪出现了诸多新的变化和特点，必须深入分析和认识这些新变化新特点，并积极地采取相应的预防措施

互联网和大数据时代的犯罪相较于传统的犯罪，具有一些新的变化和特点。

一是主体多元化、年轻化。随着计算机技术的发展和网络的普及，各种职业、年龄、身份的人都可能成为网络犯罪的主体，且犯罪主体年轻化的特点较为突出，这与使用计算机上网者中年轻人占较大的比例，以及年轻人对网络的情有独钟和其特有的心态有很大的关系。据权威的数据资料显示，网络犯罪年龄在18~40岁的占80%，平均年龄只有23岁。许多实施网络犯罪的青少年并不把自己的行为看作犯罪，有的还认为自己只是在进行一种“智力游戏”。某地警方2017年破获了数十起青少年利用网络实施暴力抢劫等恶性案件，犯罪嫌疑人大多为十六七岁，最大的不过二十岁，受害人也往往是年龄相当的年轻人。

二是作案方式智能化、专业化。犯罪分子大多具有较高的智力水平，既熟悉计算机及网络的功能与特性，又洞悉计算机及网络的缺陷与漏洞，以其对网络的熟悉和技术优势达到预期的犯罪目的。随着货币电子化进程的加快及电子商务的兴起，财富将以电子形式出现，实施侵财类犯罪的嫌疑人逐渐把目标从过去的纸质货币和保险柜、钱包等转移到电子货币上，且犯罪手段已由过去的盗窃发展为网上诈骗、网上敲诈勒索、利用网络非法传销等。盗窃、诈骗等传统犯罪被犯罪分子移植到计算机网络后，高科技也给这类犯罪带来了更大的欺骗性和隐蔽性。

三是手段的不断出新。随着信息网络的迅速发展，信息技术的推广普及，涉网犯罪不断“推陈出新”，诸如窃取秘密、调拨资金、金融投机、剽窃软件、偷漏税款、发布虚假信息、入侵网络等网络犯罪形态层出不穷，花样繁多。

四是犯罪手段由简单化向智能化发展，犯罪成本低。网络犯罪与传统犯罪相比所冒的风险小而获益大，有的只需一部终端机、一个上网卡和一部电话就可进行。在电信网络诈骗案件中，被害人被“忽悠”后，短短几分钟的时间，数以万计的钱款就被犯罪分子划转，有的甚至一次性被骗了几百万、几千万。

五是社会危害性巨大。随着互联网的普及，网络犯罪给社会带来的危害越来越大，远非一般传统犯罪所能比拟，不仅会造成巨大的财产损失，而且严重危及社会稳定、公共安全。近年来，全国连续发生的诸如“易租宝”“钱宝系”等多起非法集资案件，不仅给涉案群众造成了数百亿的巨大财产损失，而且一度严重影响一些地区的社会稳定。

六是具有超时空性，隐蔽性强，侦防难度更大。网络发展既突破了国境线的概念，也打破了社会和空间界限，特别是网络具有开放性、不确定性、超时空性等特点，使得涉网犯罪具有极高的隐蔽性，明显增加了侦防难度。全国电信网络诈骗犯罪每年都造成上百亿的经济损失，但由于大多数涉及境外诈骗，不仅侦破率相对比较低，而且经济损失往往无法追回。

上述这些新的犯罪变化和特点表明，互联网和大数据时代的犯罪治理如果依然运用传统的侦防策略，往往收效甚微。例如，随着犯罪分子作案手段的智能化、便捷化，若一味地强调破案打击而轻视防控，不仅“打不胜打”，而且很可能“越打越多”；不重视基础防控、源头治理而仍然采取组织集中“会战”和专项行动的办法来对付某一方面的犯罪问题，不仅不能有效地治理犯罪，而且会形成“头疼医头、脚疼医脚”和犯罪问题此起彼伏、层出不穷的恶性循环；靠拼警力、加班加点“严防死守”，只能是无为消耗，无助于犯罪治理。所以，应对互联网和大数据时代的犯罪问题，公安机关必须在提升破案打击效能的同时，把更多的精力放在犯罪预防上。苏州市作为全国经济总量大、人财物高度聚集和犯罪治理任务十分繁重的地级市，以占江苏全省13.7%的警力，承担了20%的警务工作量，以及25%的违法犯罪案件侦办量。由于其尽早研究了互联网和大数据带来的犯罪变化和特点，并超前以警务大数据建设和运用来有效地预防犯罪，比较好地破解了治理犯罪与资源严重不足的难题，取得了实实在在的成效，使警务发展步入了良性运行的轨道。

有效的智能预防是互联网和大数据背景下的犯罪治理的“上上策”，也是与时俱进践行新时代“枫桥经验”的具体体现。

二、善于以建设和运用大数据来预防犯罪，不仅具有现实可行性，而且具有非常显著的实用性和可操作性

大数据的建设和智能运用会改变警务战斗力生成模式，有效解决传统警务治理效率不高的问题，破解防范与打击犯罪任务重而警务资源不足的难题，不仅在提升破案打击效能上有重要作用，而且在预防犯罪方面具有显著的功效。大数据的预防犯罪功能，主要体现为“五个预防”。

一是超前预防。超前预防主要是通过分析研究犯罪规律特点，建立和用好大数

据智能模型，并建立相应的工作机制，根据对可能发生案件的区域和时间段的预测，及时有效地组织针对性巡防，压缩犯罪活动空间，遏制犯罪降低警情发案。苏州警方把犯罪智能预测作为警务大数据助力警务发展的一项重要的战略对策，于2012年8月起立项研制智能预测系统，2013年完成算法验证，2014年开始试点并扩大试点，建立配套的警务运作机制，取得成功实践后，于2015年年初进行全面推广和深度运用。智能预测系统为针对性组织开展防范打击措施，提供了有效的决策方案，大大增强了防范和打击犯罪的能力，而且明显提高了警力使用效能。目前，苏州市90个犯罪案件高发的派出所运用了该系统，运行三年多来，各类犯罪警情尤其是发生在居民小区内的警情稳步下降，进一步增强了老百姓的安全感，得到了中央政法委和公安部的充分肯定，并获2016年全国公安创新大赛银奖。

二是主动预防。主动预防主要是针对一些借助互联网的新型犯罪蔓延发展快、案件侦办难度大且容易陷入被动的问题，主动分析研究防控的重点环节和关键点，借助大数据智能模型和相应机制来有效破解。例如，随着互联网金融的发展，民间投资理财的需求旺盛，很多正常的经济交往与违法犯罪难以区分，让一些不法分子钻了空子。作案者以帮助投资理财等各种名义进行非法集资、诈骗，导致涉众型经济犯罪发案率一度攀升。受骗的老百姓往往损失惨重，并以集访、示威等形式向政府和警方施压。警方既要办案又要维稳，警务成本大，压力更大。以前，此类违法犯罪案件往往是由受骗者报警后警方才去调查和侦查，由于警方介入滞后，涉案资金大多数都无法追回。这种“马后炮”式的侦查尽管投入成本很大，但无法为受骗者挽回损失，老百姓无法满意。一些老百姓甚至认为警方无能，警方反而成了矛盾的焦点。苏州警方认为，要摆脱这种被动局面，最大限度地减少此类案件的发生及其给老百姓带来的损失，必须超前应对和主动作为，依托大数据主动精准预警防控才是有效治理这类犯罪的最佳战略。于是，苏州警方在全国率先进行了这方面的大数据建设和运用。基于经济犯罪本身是一种特殊的经济活动，其资金、人员、物品等要素数据多会在行政管理、行业监管部门和金融、商业机构留下数据痕迹，苏州警方由此研制了相应的数据模型，并建立了18个相关政府部门、监管部门和金融机构之间的数据交换和依法按职能核查处置机制，即将工商、招聘、金融、税务等部门和机构每天产生的大量信息数据导入大数据智能模型，进行智能关联，从中发现异常，并注意有非法集资等涉众型经济违法犯罪苗头的高危企业，分别提交给有关职能部门和机构进行核查，并依法采取约谈、规范、勒令退赔等措施，将涉嫌犯罪的提交给警方依法处理。通过打出行政、经济和法律等多种手段的“组合拳”，比较好地实现了对涉众型经济犯罪的早发现、早预警和早处置，先后及时发现并制止了200多起可能成为重特大犯罪的非法集资活动。2014年以来，苏州全市非法集资类案件的发生数和案值逐年大幅下降，并将多起涉案价值亿元的非法吸收公众存款案件的资金风险降为零，有效减少了老百姓的财产损失，维护了社会稳定，降低了警务成本，也促进了社会和谐。

三是深度预防。深度预防主要是针对一些传统犯罪的转型和新形态的犯罪，有的放矢地建立相应的大数据智能模型，将与犯罪有关的各种信息数据进行智能关联和识别，凸显犯罪线索，依法有效地进行打击和遏制。例如，经过警方持续不断的打击，涉黑涉恶犯罪得到了明显遏制，明目张胆地街头砍杀、寻衅滋事等严重影响群众安全感的犯罪形态不见了。但此类犯罪"改头换面"，采取介入经济交往的形式，如诱赌、诈赌、放高利贷等，并辅之以非法拘禁等"软暴力"手段，威胁迫使"债务人"交出钱款。这些涉黑涉恶犯罪的新形态，大大降低了老百姓的安全感。此类新形态的犯罪有一套规避法律和逃避打击的手段，警方一时难以组织侦查打击。对此，苏州警方专门研制相应的智能预测系统和防控模型，其构想是：尽管新形态的涉黑涉恶违法犯罪人员很狡猾，往往与民间的经济交往交织在一起，很难识别发现，但只要是违法犯罪，总会露出"尾巴"来；尽管作案人千方百计地规避法律风险和逃避法律追究，但总会找到他们的日常行为规律；尽管此类案件的被害人一般不会报案，且作案人与被害人的冲突一般以经济债务纠纷的形式呈现，因而侦查工作一般没有明显的抓手，但通过警务大数据，只要有一定的相关数据资源，依托相关智能模型，就可能找出此类案件的重大线索和嫌疑对象，加上其他科技手段的辅助，必定能高效而有力地侦办此类犯罪案件。基于对大数据的认知和关联思考，苏州警方组织开展了警务大数据"涉黑涉恶犯罪信息智能系统"的建设。这个系统是基于每天全市接处警数据，并关联人口信息数据、犯罪情报数据和公调对接数据等多个数据系统，智能检测出异常警情和人员数据，进一步分析出涉黑涉恶违法犯罪的嫌疑人员和重大线索，辅之以重点线索核查和依法侦查取证机制，有效发现和打击了新形态的涉黑涉恶违法犯罪。多年的实践证明，这一基于大数据采集、分析研判和侦查运用等的综合警务机制，改变了对此类犯罪防控和打击的传统战斗模式，迅速提升了预警、防控和专项侦查打击效能，有效遏制了新形态涉黑涉恶违法犯罪蔓延发展势头，掌握了斗争的主动权。

四是合成预防。合成预防主要是针对一些涉网的新型犯罪利用网上网下监管的缺失"钻空子"肆意犯罪作案的问题，通过建立基于相关职能部门和单位的合成作战系统，形成网上网下合成作战格局，以最大限度地减少犯罪活动空间。互联网在便利人们生活的同时，也给不法之徒利用网络进行欺诈和违法犯罪提供了可乘之机，导致网络诈骗犯罪日益蔓延发展。苏州市曾是此类犯罪高发的地区，曾在组织防范打击方面想了很多办法，但一度很难摆脱发案率持续攀升和侦查破案绩效连年下降的被动局面。为了有效地防范和打击并遏制猖獗的电信网络诈骗犯罪，苏州警方于2015年下半年开始准备，2016年1月正式启动，借鉴厦门的经验做法，建立全市"反电信网络诈骗中心”。警方牵头，将电信网络诈骗犯罪案件涉及的电信运营商、有关商业银行、第三方支付机构等单位的数据资源整合起来，通过合署办公、数据共享和联动协作，特别是综合运用警务大数据、通信管理局的大数据等，实行“封堵、冻结和打击”一体化运作，及时拦截电信诈骗电话、短信、微信，及时受理和查控被骗资金，及时凸显电信诈骗犯罪线索并组织侦查打击，从源头上防范和遏制了电信网络诈骗犯罪蔓延发展的势头。三年多来，苏州警方成功拦截了两百多万个电信诈骗电话和一大批诈骗网站，及时冻结群众被骗资金二亿余元，不仅大大减小了犯罪分子作案的成功率，减少了群众的损失，而且明显提高了此类案件的侦查破案效能。苏州市一直保持着电信网络诈骗案件和损失数实现两位数下降，破案数和打击处理数实现两位数上升的“两降两升”的可喜局面。

五是联动预防。联动预防主要是针对一些涉及政府各级各部门职能分工，以及政府部门行政执法与警方刑事执法之间衔接的问题，通过建立基于大数据的政府部门信息共享的“两法对接”系统，形成政府部门间有效的联动防范处置格局。多年前，“地沟油上餐桌”“有毒废水偷排偷倒”等涉及食品、药品和环境保护的违法犯罪问题闹得沸沸扬扬，引起了群众的关注与不满。公安部会同国家工商总局等部委专门组织了对此类问题的专项打击。这期间，苏州市也发现了此类问题，有些还比较突出。为了依法有效地防范和打击此类违法犯罪，让人民群众始终喝上放心的水，吃上放心的食品、药品，苏州警方在全国率先运用大数据，建立了一个基于互联网政务平台并有 18 个相关部门数据共享、联动执法的信息系统。该系统由警方的基层所队和其他政府部门基层单位结合平时基础工作中采集的相关数据信息，通过智能计算凸显异常信息，然后按职责分工推送相关部门核查处置，构成犯罪的迅速提交警方查处，处理结果由检、法机关依法监督，市政府效能办负责效能监察。例如，某基层派出所民警工作中发现辖区新增加了一个生产加工禽类食品的场所，初步了解其基本信息后输入该信息系统。负责系统管理环境与食品、药品的侦查部门立即把这一数据推送给工商和卫生监管部门，由他们上门依法核查是否有营业执照、卫生许可证等。如果确认存在无证经营等违法行为，则依法给予行政处罚并予取缔，然后把相关信息数据反馈到系统；如果认为其涉嫌犯罪，则迅速通过系统反馈给警方，提请依法进行刑事侦查。对于核查发现涉嫌非法加工生产食品、药品的场所，则由负主责的部门牵头，联合多个执法部门一起行动，该查处的查处，该取缔的取缔。这一基于大数据的智能监管信息系统，对于依法有效地保障老百姓密切关注的食品、药品和环境安全，并确保常抓不懈和巩固成效，确实起到了关键性作用，大大压缩了破坏环境生态和侵害食品、药品安全等违法犯罪的活动空间，以致此类问题大幅度减少，而且一旦出现就能及时有效地进行查处打击。

三、以大数据建设与智能运用来预防犯罪，关键在于认识和把握其规律，并在实践中不断提高认知、增强行动自觉

大数据背景下的犯罪预防，是新时代犯罪预防理念、思路和策略的创新，也是“枫桥经验”新的探索与实践，必须把握大数据背景下预防犯罪的规律，更加主动和自觉地探索实践。

一是要善于运用“大数据＋机制”来治理和预防突出犯罪问题。大数据背景下的犯罪预防最为显著的特征，在于其能够改变传统犯罪治理的惯性和路径依赖，以更加主动和有效的源头预防来解决突出的犯罪问题，这也是“预防犯罪，少捕慎捕”的“枫桥经验”在新时代的新实践。长期以来，此起彼伏的专项行动、集中打击和集中整治，已经使一些地方公安机关在组织推进犯罪治理上有了这样的习惯和路径依赖：一年到头总是要组织一两次甚至多次集中整治或打击行动，以此造成严管严治的态势和体现其组织推动警务工作的力度，并客观上形成小问题不太重视，问题成堆甚至成为热点后再组织集中整治和打击，以运动式执法管理来治理突出犯罪问题的“怪圈”。这与犯罪预防的规律和新时代“枫桥经验”是格格不入的，因此是警方亟须下功夫研究解决的重要问题。大数据的建设和运用，恰恰提供了可借助的手段，也是破解难题的重要路径。因为，任何突出的犯罪问题总有发生、发展的过程，通过大数据的采集和分析，可以及时发现问题，预测发展趋势。如果再建立与之匹配的问题导向治理机制，从初始阶段开展治理和预防，就能形成及时发现、超前预防、有效治理的现代治理格局。这种常态长效的治理机制，又可避免动辄组织集中整治、集中打击而导致的警务成本的无为消耗。根据笔者多年的研究和实践，所谓“大数据＋机制”的犯罪预防，主要在于紧扣六个流程和要点：（1）问题导向提出问题，即确定需要预防和治理的犯罪问题；（2）提出需求研发系统，即针对梳理出的预防犯罪问题的若干节点以及要达到的效果，提出智能系统研发需求，并有意识地组织智能系统研发；（3）夯实基础采集数据，即从源头发现和解决犯罪问题出发，强化相应的基础性工作，并把工作中形成的相关数据输入智能系统平台；（4）智能分析加强研判，即通过系统平台的信息数据智能关联和识别，凸显需要引起关注的犯罪问题，然后有重点地组织人工干预深度研判，进一步聚焦犯罪，形成有价值的情报产品；（5）落地行动依法处置，即按照机制规范分级分层落地核查相关情报信息，依法组织侦查和处置工作，该破案打击的破案打击，该制止的迅速制止，该源头治理的源头治理；（6）及时反馈加强考核，即从基础数据采集到落地处置整个过程都应及时通过智能系统平台反馈进展情况和结果，系统自动进行积分考核。这一基于“科技＋机制”的预防犯罪的策略选择，不仅能有效地解决各类犯罪问题，

确保其不蔓延成势，而且有助于不断夯实基层基础、促进犯罪预防和治理的常态长效。

二是要更加自觉地强化基层基础建设。依托“科技+机制”有效预防犯罪，其重要前提是从源头预防和治理抓起，确保大数据智能系统“有数据”，特别是有全面、系统、鲜活和准确的基础数据。任何智能数据模型的作用发挥，都必须基于大量鲜活准确的基础数据，否则无从谈起。某地方公安机关的刑侦部门看到苏州警方研制和运用的犯罪预测系统感觉很适用，随即引进到当地使用。一段时间使用下来，虽先后多次派员到苏州讨教“诀窍”，但始终见不到预期效果。后来他们明白了原因：关键是没有所需要的基础数据。其实，不单是没有基础数据，最重要的是缺乏采集基础数据的机制，且基层基础建设薄弱。由此可见，推进警务大数据特别是基础数据采集的过程，实际上是强化基层基础建设的过程。要确保“有数据”，关键是要有相应的机制来督促和规范各警种各部门特别是基层所队，做实各项警务基础工作，并把工作中形成的信息数据采集入库，当然还要确保所有采录信息数据的准确，为大数据强大功能的发挥奠定坚实的基础。

三是要更加有效地推动数据共享和合成作战。数据网上在线共享是大数据强大功能发挥所必须具备的“三大要素”之一。然而，长期以来警队内部警种部门之间、区域之间、上下之间，由于传统思维观念、绩效考核和体制所限，往往是各自为政，信息数据不上线不共享的问题仍然存在，彼此“打埋伏”的情况时有发生，一定程度上影响制约了警务大数据强大功能的发挥，也造成了不必要的警务资源浪费，阻碍了包括治理犯罪在内的警务效能的提升。因此，大数据背景下的犯罪预防，应该以“数据必须在线”来倒逼警队内部区域、警种和层级之间信息数据共享和资源整合，打破各自为政的警务运作方式和格局。要强有力地推动信息互通、数据共享。所有警务数据都应该上线，彼此都可以共享，不在于我有，而在于我能用，特别是在大数据资源的采集和整合上，应该倡导“我为人人、人人为我”的理念，把数据在线共享作为警务大数据战略的重要方面，通过建立健全相应的工作机制，包括绩效考核和激励措施，最大可能地提高警务大数据的在线共享率。与此同时，要进一步深化合成作战机制建设。大数据背景下的犯罪预防，必然打破地区之间和警种内部之间各自为政的格局，催生各种新的高效运行机制。大数据智能模型的核心，就是把各类实战需要的数据关联起来，从而有效地服务实战和提升效能。运用和共享大数据智能模型数据的各个警种部门，都应该把各自的职能履行好，并且把工作情况的数据上网上线，把各警种部门的“工作链”变成“数据链”，又以“数据链”服务和推动“工作链”。这就倒逼警方必须打破传统的各自为政的运行格局，推动包括犯罪预防在内的警务工作由传统的“作坊式”到“社会化大生产”，从而形成强大的合力。苏州警方从2009年起，借助大数据建设和运用的良机，从创新合成研判机制开始，先后创制了“合成侦查”“合成反恐”“合成追逃”“合成防控”等系列合成作战机制。通过创新建立与大数据相匹配的集约化的系列合成作战机制，打破了传统警务习惯于大而全、小而全、各自为战的“作坊式”运作方式，形成警务大数据各数据链上的相关警种部门既分工负责又协同配合的“社会化大生产”集约运作的新格局，从而大大提升了打防犯罪效率，降低了警务成本，并不断增强了自身的实力。

总之，大数据背景下的犯罪预防要善于把握自身的发展规律，更好地践行“枫桥经验”的精髓，更有效地建设和运用大数据来夯实基层基础、强化源头预防，进一步推动犯罪预防的共建共治共享格局，全面提升平安建设的能力和水平。

基于“枫桥经验”的苏州市“331”专项行动的博弈分析

张志东*

摘　要：“枫桥经验”的核心要义是“一切为了群众、一切相信群众、一切依靠群众”。运用博弈论的方法探讨苏州市“331”专项整治安全隐患行动的博弈模型，分析得出：政府的有效激励和管制可使理性的人自发地选择使公共安全整体性最优的策略。以苏州实践为例，继承和发展“枫桥经验”，可发挥社会组织作用，引进第三方中介机构，筑牢基层社区公共安全“最后一公里”防线，形成政府治理、社会调节与居民自治良性互动的“善治”，需要立法上明确安全中介的工作职责及社会责任，尽快提高从业人员安全技术能力，建设高素质的安全中介队伍。各级政府主管部门尤其是公安机关应转变职能，大力推进“放管服”改革，对安全中介机构要放手培植、做好服务，创造良好的安全市场氛围。

关键词：整治安全隐患　苏州市“331”专项行动　枫桥经验　博弈论

2018年是毛泽东同志批示学习推广“枫桥经验”55周年暨习近平同志指示坚持发展“枫桥经验”15周年。五十五年来，全国各地不断赋予“枫桥经验”新的内涵，使其功能效果不断拓展，成为全国政法综治战线的一面旗帜。党的十九大作出了中国特色社会主义进入新时代的重大判断，并指出我国社会主要矛盾已经由人民群众日益增长的物质文化需要与落后的社会生产的矛盾转化为人民日益增长的美好生活需要和不平衡不充分的发展之间的矛盾。其中，“美好生活的需要”不仅包括物质文化需要，还包括安全、环境等需要，这对国家今后的发展影响深远。基层是一切工作的落脚点，社会治理的重心必须落实到城乡、社区。因此，要健全以群众自治组织为主体、社会各方广泛参与的新型社区治理体系，促进民事民议、民事民办、民事民管。党的十九大报告强调：“加强社区治理体系建设，推动社会治理重心向基层下移，发挥社会

* 张志东，江苏省苏州市警察协会工作人员。

组织作用，实现政府治理和社会调节、居民自治良性互动。”因此，坚持发展“枫桥经验”，筑牢基层社区公共安全“最后一公里”防线，对满足人民群众对美好生活的需要非常重要，也十分必要。

《中华人民共和国消防法》规定：“在设有车间或者仓库的建筑物内，不得设置员工集体宿舍”。但在一些地方，人员住宿场所与加工、生产、仓储、经营等场所在同一建筑内混合设置，这样的场所就是“三合一”场所。这类场所大多可燃物多，住宿场所和加工、生产、仓储、经营等场所没有严格的防火分隔，消防设施不健全，存在严重安全隐患。以江苏省苏州市为例，据不完全统计，截至 2018年 3月底，全市登记在册的“三合一”场所就有 3.1万余家、出租房 158.1万个、电动自行车 750万辆，上述各项数据均居江苏省首位。其中，“三合一”场所占全省总量的 43%，出租房占全省总量的 23.8%，电动车数量在全省占比也很高。自 2015年至 2017年，苏州全市较大及以上火灾事故全部由这三类突出隐患引发。

为在全市范围内高质量地推进火灾隐患排查整治工作，确保人民群众生命财产安全和社会和谐稳定，围绕“三合一”场所、出租房（群租房）和电动自行车三类突出火灾隐患，按照既定的任务清单、履职清单和追责清单“三张清单”，苏州市委市政府在全市范围内开展为期一百天的集中整治专项行动（简称“331”专项行动），在全面摸清各类火灾隐患底数的基础上，通过个体纠违、单位自查、联合执法、交叉互查等多种方式，开展全面彻底的集中排查整治，确保全市不发生较大以上火灾事故，全市火灾隐患显著降低，全市火灾形势根本好转。

这次苏州“331”专项行动成立了督查队伍，分为五个督查组，各组组长均由市公安局各部门负责人担任，市安监局、住建局、消防支队各派成员参与。各市、区和镇（街道、开发区）党（工）委政府（管委会）结合本地实际，对应成立本地“331”专项行动工作专班和工作组，制定具体行动方案，实行上下一体、整体联动。各督查组将“一切为了群众、一切依靠群众”这个“枫桥经验”不变的初心（也是“枫桥经验”的核心和灵魂）作为督查工作的出发点和落脚点，贯穿于专项行动始终。根据进度安排，第一阶段为动员部署即发动群众自查阶段，之后的两个半月为依靠群众排查整治阶段，对“三合一”场所、出租房（群租房 ）和电动自行车开展拉网式排查，切实摸清火灾隐患底数和真实情况。同时，对排查发现的火灾隐患和违法违规问题，坚决及时整改到位。对不能立即整改的隐患场所和违法违规问题，坚决停产停业停租并落实整改。对拒不停产停业停租的隐患场所和拒不纠正的违法违规行为，坚决依法处置。对火灾隐患严重且拒不整改的责任人，坚决追究法律责任。对因不落实主体责任而被采取停电停水等措施的房东或“三合一”场所业主，全部纳入信用“黑名单”，实施失信联合惩戒。最后为评估验收阶段，组织开展“回头看”，对已责令停产整顿、关闭取缔的场所和要求搬离整改的群租房逐一复查，发现问题的，逐一倒查追究责任。

督察组认为：从博弈论的视角，即运用数学工具、通过建模来分析互动决策的方法论，“331”专项行动过程中的大量问题都可以描述为公安部门、业主（房东或“二房东”）和房客三方博弈的过程。

建立博弈模型来分析“331”专项行动违规群租房整治前的情形。设有一居民小区，有 N户房东（业主）及 X个房客共同居住。假设：①各方均是理性的；②人均收入达到一定水平，并不再成为绝大多数房客支付房租的主要障碍；③政府不进行管制。这 N户及 X个个体都有支持配合和不支持配合违规群租房整治专项行动的两个选择，不妨将这 N户和 X人分为两个行为群体：房东或业主 (A)和房客 (B)，假定选择不支持配合整治获得收益为 K，支持配合整治获得收益为 J。若：①双方成员均选择配合整治，则双方各自收益为 J；②一方选择不配合，另一方配合整治，则选择不配合整治的一方将获得超额收益 I，支持配合的一方则遭受损失，获极低收益 L；③双方成员均选择不配合，两者均获得收益 K，令 I＞ J＞ K＞ L。这时房东（业主）和房客构成完全信息静态博弈。其博弈矩阵为：

		房东（业主）	
		配合	不配合
房客	配合	J，J	L，I
	不配合	I，L	K，K

由于 I＞ J,K＞ L，面对政府严禁擅自改变房屋原有结构、装修分隔及违法群租等“7个严禁”通告，在选择应对策略时，房东（业主）和房客中的理性人均会选择“不配合”策略，即继续保持违法群租现状是他们的占优策略，其均衡得益组合为（K，K）。由此可知，在共享“房东经济”模式下，房东和房客都因追求利益的最大化而不愿改变违法群租乱象，这是群租房火灾等警情高发的根源。如果我们允许博弈中存在一种“有约束力的协议”，个体利益和集体利益之间的矛盾就可以被克服，从而使博弈方按照集体理性决策和行为成为可能。在公共安全监管方面，能够提供这种 “约束力协议”的是政府。假定政府对支持配合“331”专项行动的激励和管制效应为 a，政府对不支持配合“331”专项行动的激励和管制效应为 b。在政府参与模式下的“331”专项行动博弈收益矩阵如下：

房东（业主）

		配合	不配合
房客	配合	J+a，J+a	L+a，I-b
	不配合	I-b，L+a	K-b，K-b

其中 I＞J＞K＞L。若要使（配合，配合）成为最优策略组合，则有 J+a＞I-b，L+a＞K-b，即 a+b＞I-J，a+b＞K-L，故 a+b≥max{I-J，K-L}。

由此可见，政府的有效激励和管制可使理性的人自发地选择使公共安全整体性最优的支持配合非法群租房整治行动，这不仅兼顾了个人与集体的理性，而且构成了政府公共安全管理所希望的纳什均衡。同时，根据博弈均衡理论，相对满意的“整治，公共安全”均衡是可能实现的，而最理想的“不整治，公共安全”均衡是不可能实现的。这也说明了加强公共安全监管和“331”专项行动的必要性和重要性。

同理，如果是政府和房东、房客之间的合作博弈，三方均采取合作，且建立在理性、效率、公正、公平的基础上，则将会形成相对满意的“整治，公共安全”均衡，毕竟他们的共同利益使三方处在一个相互依存、紧密相连的统一体中，“房东经济”的繁荣和社会和谐稳定的发展目标将三方凝结在一起。这就是市场经济比较发达的国家较常采用的三方协调机制，即有关安全生产和公共安全的任何政策，必须是政府、雇主和工人三方都平等地参加，经过三方的讨论和谈判，必要时，在三方联席会议上进行表决。经过三方的共同参与和协商，在一个规范的场所，按照各方都认可的规则进行讨论、交流和谈判，协调三方各自的权利、义务和责任，保持各方利益的协调、平衡。所以，鼓励发展安全中介机构是市场经济的必然选择。现行体制下，公共安全中介机构作为连接政府和企业之间的桥梁，避免政府既当裁判又当运动员的尴尬，增加各方“经济寻租”的风险成本，依照法律、行政法规和执业准则，接受生产经营单位的委托为其安全生产工作提供技术服务。这些中介机构一方面协助政府做好安全生产的基础性工作，为政府审查批准安全生产事项以及有效加强安全生产监督管理提供技术支持；另一方面，为企业或居民提供安全设施的检测、检验、评价，为企业从业人员和居民提供专业安全知识及安全技术的培训，有效提升企业的安全生产管理及技术水平。

社区作为最基层的群众组织，对政策的执行力直接影响了人民群众对于地方党委和政府的评价。但社区工作人员不是万能的，且负责事项较多，在执行公共安全监管等需要专业技术支撑的政策时，容易陷入被动局面，即便接受相关培训，由于没有深入了解专业，也可能发生错误，从而影响政策的执行效果。在苏州市“331”整治火灾隐患百日专项行动中，相关村委严格按照“三合一”“八个一律”、群租房“七个严禁”和电瓶车“六个绝不允许”的工作要求，引入了第三方专业安全应急服务机构，江苏某安居应急技术股份有限公司针对“三合一”场所、群租房和电动自行车三类突出火灾隐患，开展了“全面覆盖、不留盲区、不漏死角”的“331”专项隐患排查行动。

通过第三方机构工作人员运用公共安全专业知识从建筑设计、建筑消防设施、电气规范、电动车管理、建筑材料等方面挨家挨户进行火灾隐患排查，并对私营业主和房东进行消防安全知识、意识及技能的宣传教育，弥补了村（居）消防安全协管员在实际检查过程中看不出、查不出隐患的短板，其凭着规范化的服务、专业化知识、良好的工作作风赢得了业主的一致好评。从整治行动的实践和成效看，业主们对第三方机构的工作认可度达78%。例如，50多岁的相城区居民刘某为贴补家用，在村里开了个零食铺。经过第三方机构技术人员排查后，在其8平方米房间共发现6处火灾隐患。刘某接受了整改意见，表示深刻认识到第三方安全机构是实实在在为社区居民的安全着想的。再如，苏州某应急咨询事业部受相城区阳澄湖镇岸山社区委托，在第三方江苏某应急技术股份有限公司的协助下，逐一带领业主对其场所进行隐患识别、问题记录、拍照留痕、风险告知，同时进行宣传教育，张贴消防隐患告知书和防火公约，协助制定专业规范切实可行的整改方案，建立一户一档一方案，对接下来村委督促业主整改有较强的针对性、指导性和可操作性。仅一天时间就粘贴防火公约284份，签发安全告知书275份，整治群租房84家，现场停电整治2家，勒令限期搬离4家。

在实践中，“枫桥经验”契合现代治理理念。统治偏重于单一权威自上而下的强制、命令、服从，而治理则强调多元主体的共同参与和管理，强调政府与社会的互动。“枫桥经验”蕴含着丰富的现代治理因素，其核心内涵之一就是“发动和依靠群众”，即强调社会各方面力量的参与及共治。只有适应时代要求，创新群众工作方法，让人民群众参与到社会治理中来，才能真正把“枫桥经验”坚持好、发展好，把党的群众路线坚持好、贯彻好。因此，在此次“331”专项行动中，苏州市试行社区带头，警方负责总体行动把控，引进第三方专业技术团队提供公共安全技术分析和指导，二者相辅相成，不仅可以减轻社区工作人员的压力负担，也能更好地帮其从专业角度推进和落实政策。

继承和发展“枫桥经验”，发挥社会组织作用，引进第三方中介机构，筑牢基层社区公共安全“最后一公里”防线，形成政府治理、社会调节与居民自治良性互动的“善治”，还需解决以下问题：一是需要立法支持，明确安全中介的工作职责及社会责任；二是尽快提高从业人员的安全技术能力，建设高素质的安全中介队伍；三是各级政府主管部门尤其是公安机关应转变职能，大力推进“放管服”改革，对安全中介机构要放手培植、做好服务，创造良好的安全市场氛围。

日本城市警务系统初探

王 军* 涧 平**

摘　要：日本近代警察制度创始于明治初年。二战结束前，日本警察组织中央与地方分开，分别由内务省警保局和地方知事负责。1954年日本《警察法》全面修订，日本警察成为了中央集权式国家警察，并统一以都道府县为单位运作至今。日本警察组织为金字塔结构，实行垂直管理，由上至下依次为国家公安委员会、警察厅、都道府县警察本部（东京都为警视厅）、警察署、警所及驻地巡警所等。国家公安委员会是日本警察组织的最高机构，由内阁总理大臣管辖，遍布日本七大区47个都道府县。日本警察厅为国家公安委员会下设国家行政机关，其最高领导为警察厅长官，内设警察厅长官直属办公厅及五大局，即生活安全局、刑事局、交通局、警备局和情报通信局，另有一个内部部局，由两个部组成，一个是组织犯罪对策部，另一个是外事情报部。此外，警察厅还下设警察大学校、科学警察研究所与皇宫警察本部（下设皇宫警察学校）三个附属机构。从日本的警察组织系统来看，都道府县警察本部及下辖警察署、警所等均为警察厅地方机关。

关键词：警察制度　城市警务　日本

日本近代警察制度创始于明治初年。1872年（明治5年），后被视为日本警察之父、日本近代警察制度奠基人、时任逻卒总长的川路利良一行8人结成的司法省视察团赴欧洲各国考察警察制度，次年9月回国后，川路利良效仿法国警政部长约瑟夫•富歇，初步确立了以保民平安为本的近代日本警察制度。

1874年内务省设警保寮，创设东京警视厅，年满40岁的川路利良出任第一代大警视（警视总监），并在日本各地建立警察网。这也被视为日本近代警察制度正式确立的标志。东京警视厅成立后，将"逻卒"更名为"巡查"，警察的职权也随之扩大。

* 王军，中日名流出版社法律编辑室主任、编审。

** 涧平，公安部公安发展战略研究所城市警务研究中心特聘研究员、研究员。

就日本警察组织的管理运作而言，二战结束前，中央与地方分开，分别由内务省警保局与地方知事负责。1947年，日本制定《警察法》，1948年起确立新制度，将全日本警察划分为国家地方警察与市、镇、村地方政府警察。前者身份为国家公务员，又称国警，指设置于不满5000人的镇、村，由国家加以维持的警察；后者指设置于5000人以上的市、镇、村，不受国家指挥监督，由各地方政府自出经费维持的警察组织。1954年，日本《警察法》全面修订，全日本警察统一以都道府县为单位运作至今，日本警察再度回归为由警察厅与都道府县警察构成的中央集权式国家警察。

从整体警力配置来看，日本警力接近世界平均水平的万分之22.5，远高于我国的万分之12.5。截至2017年4月1日，全日本警察数量内阁法规政令定员为255272人，地方法规条例定员（如地方机场警备队）为259766人，而据日本总务省统计局数字，日本2017年总人口为12476万。

整体而言，日本警察组织为金字塔结构，实行垂直管理，由上至下依次为国家公安委员会、警察厅、都道府县警察本部（东京都为警视厅）、警察署、警所（日语称“交番”，1994年前称“派出所”）及驻地巡警所等。下面简要探讨一下日本各级警察机关的组织结构、职责及分管事务。

一、国家公安委员会

国家公安委员会是日本警察组织的最高机构，由内阁总理大臣管辖，遍布日本7大区47个都道府县。委员会制度为战后导入，其设立、组织结构及权限等的法律依据为日本《警察法》。

尽管自该制度导入以来从未发生过紧急事态，但就内阁总理大臣的权限而言，当日本发生如大规模地震灾害或外国入侵等紧急事态时，为维护社会治安秩序，总理大臣可宣布全国进入紧急事态。但该布告必须基于国家公安委员会的行政劝告（通报或传达某事项并就宜采取的措施提出忠告，但并无法律效力）予以发布。

就编制而言，国家公安委员会为内阁府外局，定员6名。委员会为合议制行政机构，除由国务大臣出任的委员长外，其他5位委员分别来自法律界、产官学界及言论界等，这种定员结构旨在由代表国民良知的各界人士对警察组织加以管理，以确保警察行政管理的民主化及在多党制下的政治中立。为此，被任命前的5年内，各委员也不得有警察、检察工作经历。委员定员5名，也是为保证合议制机构决议过半数而设。委员长只在表决双方人数相同时做出决定。

从身份来看，国家公安委员会委员为特职国家公务员，与其他国家公务员一样，为确保公正公平地履行职责，其政治性活动均会受到极大限制，并负有保密义务。

具体到国家公安委员会的权限，其并不对警察的具体行动直接加以管理、指挥与监督，而是负责管理委员会下设的警察厅，即制定纲领、方针，并以此为依据监督警察厅工作，或者说在警察厅辅佐下开展工作。警察厅长官以服从委员会管理为前提履行警察厅职责，处理警察厅事务，但实务性治安管理、犯罪搜查、案件侦破等工作则由各都道府县警察执行，由警察厅负责指挥与监督。

作为国家警察机关，国家公安委员会及警察厅具体职责任务主要涉及以下几个方面：事关国家整体安全或国家基于自身判断及责任宜采取行动的事务；由国家统一施行效能更高的事务，如警察教育制度、警察通信、装备、防范鉴识、统计等；有必要在国家层面加以指导调整的事务，如涉案范围较广的犯罪搜查、案件侦破等。因此，国家公安委员会要就警察制度的规划拟定、预算、事关国家公共安全的事件、警察教育、警察行政相关调整等事务对警察厅予以管理。

作为公安委员会系统，国家与各都道府县的公安委员会均为国民代表机关，分别对警察厅、各都道府县警察组织加以管理。而为保持国家与地方意见的有效疏通，国家公安委员会委员与各都道府县公安委员会委员之间也保持着密切联系，除每年召开两次联席会议外，各区域之间每年两次的联席会议等国家公安委员会委员也要出席。

二、警察厅

日本警察厅为国家公安委员会下设国家行政机关，其最高领导为警察厅长官。内设警察厅长官直属办公厅及五大局。五大局分别为生活安全局、刑事局、交通局、警备局与情报通信局。五大局外还有2个内部部局，一个是组织犯罪对策部，另一个是外事情报部。此外，警察厅还下设警察大学校、科学警察研究所与皇宫警察本部（下设皇宫警察学校）3个附属机构。

警察厅作为地方机关，分别在东北、关东、中部、近畿、中国、四国、九州等7大管区设有警察局（所在地依次为仙台市、埼玉市、名古屋市、大阪市、广岛市、高松市、福冈市），各管区警察局主要负责管区内跨县市大范围警察事务及监察、教育、训练、警察信息通信等工作。除7大管区的警察局外，另在东京都与北海道设有两个警察情报通信部。

管区警察局之下有47个都道府县的警察本部、警察署、警所及驻在巡警所等，东京都警视厅由警视总监、道府县警察本部由本部长总揽警视厅及道府县警察本部事务，并由各都道府县知事辖下的各地公安委员会分别予以统一管理。

就警察厅的组织结构而言，警察厅长官直属办公厅可视为警察厅的“大脑”，其工作事务也稍显繁杂，涉及机密事项；长官官印及厅印的保管；公文受理、发送、编辑及保存；管区内行政相关规划、拟定及综合调整；针对与国家公安委员会任务有关的特定内阁重要政策，基于与该重要政策相关的内阁决议所制定的基本方针，为统一行政各部门的政策实施，进行必要的规划、拟定及综合调整；对管区内行政相关政策的评价；法令法案审查；宣传；信息公开；拘留设施；警察职员的人事及定员；监察；预算、决算及会计；国有财产及物品的管理与处理；会计监察；警察素养与教育；警察职员的福利待遇；对协助警察工作者支付补贴，对犯罪受害者支付补偿金；对奥姆真理教犯罪等受害者支付救济补偿金；对国外犯罪等受害者支付慰问金；警察装备配备；统括管区内与国际合作有关的事务；不归其他局或机关分管的事务，等等。

如果说警察厅长官直属办公厅为警察厅的“大脑”，那么5个大局及2个内部部局则可视为警察厅的“四肢”。在警察厅中各局各司其职，只要了解其职责内事务即可大致了解日本警察的所有工作。

1. 安全生活局：该局主要负责四个方面的工作：犯罪、事故及其他事关社会稳定与市民生活安全的事务；与地区警察及其他警力相关的事务；与犯罪预防相关的事务；与其他行政无关联的独立性保安警察（如集会结社、群众运动、言论出版、宗教等。据日本现行宪法，因公民有表达自由的权利，保安警察的活动限制较为严格）的相关事务。

2. 刑事局：该局主要负责三个方面的工作，即刑警相关事务、犯罪鉴识相关事务与犯罪统计相关事务。

3. 交通局：该局主要负责与交通警察有关的事务。

4. 警备局：该局主要负责五个方面的工作：以针对极左、右翼团体及外国谍报、国际恐怖组织展开相关搜查及情报收集为主的警备警察（也被称为警备公安警察）相关事务；警卫相关事务；警护相关事务；警备实施相关事务；根据《警察法》第71条制定紧急事态应对计划及计划实施的相关事务。

5. 情报通信局：该局主要负责五个方面的工作：警察通信相关事务；与所辖行政有关的情报管理规划、技术性研究及与电子计算组织运用相关的事务；提高所辖行政事务效能的相关事务，除犯罪统计（该统计由刑事局负责）之外的其他警察统计相关事务。

6. 刑事局组织犯罪对策部：该部主要负责七个方面的工作：刑警相关事务中与国际性犯罪搜查相关的事务，刑警相关事务中与国际刑警机构联络的相关事务，制定黑社会组织对策的相关事务，涉及毒品及枪支犯罪的管控、组织性犯罪的管控（他局管辖事务除外）、防止犯罪收益转移、国际搜查合作的相关事务。

7. 警备局外事情报部：在警备警察相关事务中，其负责对象为外国人或将活动大本营设于外国的日本人。

三、警察厅附属机构

作为警察厅附属机构，警察大学校、科学警察研究所、皇宫警察本部及其专设的皇宫警察学校的存在也不可忽视。

1. 警察大学校：其前身可追溯到明治 18 年（1885 年）设立于东京赤坂区的警官练习所，警察大学校正式设立于 1948 年，校址在东京都杉並区天沼。现校舍位于东京都府中市朝日町，于 2001 年 8 月落成。

大学校设有教务部、警务教养部、生活安全教养部、组织犯罪对策教养部、交通教养部、警备教养部、教官教养部、术科教养部等 8 个部。主要负责对警官干部进行相应领域的高水平培养，以让学员具备必要的知识、技能等实务能力及指导、管理能力为己任。

警察大学校的具体课程设置共分 8 科，分别为警察运营科、警部任用科、课长辅佐任用科、初任干部科、行政实务科、术科指导者养成科、教官养成科、专科／研究科指定职种任用科。各科履修时间由 2 周至 4 个月不等，对警察系统各级干部所应具备的知识、技能进行针对性培养。

除正常授课外，随着时代的发展，为应对犯罪形式及手段的变化，警察大学校还加设了附属学校，并自 1967 年开始先后设立了特别搜查干部研修所、国际警察中心、警察情报通信研究中心、警察政策研究中心、财务搜查研修中心、审讯技术综合研究与研修中心，以及为应对网络犯罪的兴起于 2014 年设立的网络安全对策研究及研修中心等，不断加强各专业领域的专业知识与技术的培养与研修。

2. 科学警察研究所：该研究所位于东京都千叶县柏市，是与犯罪科学相关的一家综合性研究机构。其从事业务范围较广，涉及科学搜查、预防犯罪、预防交通事故发生等。

研究所共设有 6 个部，各部分别设有研究室，另外设有 2 所法科学相关附属机构。这 6 个部别为法科学第一部、法科学第二部、法科学第三部、法科学第四部、犯罪行为科学部与交通科学部，2 所分别为附属鉴定所与法科学研修所，共同为日本警察提供全方位的科研技术支持。

其具体业务包括与科学搜查相关的研究、实验，及其在应用领域内的鉴定、检查，预防犯罪及少年不当行为的相关研究与实验，预防交通事故的发生及其他与交通警察相关的研究与实验。因所涉范围广泛，各专业部门配置的研究职员均具有相应的高水平专业知识与技术，涉及生物学、医学、化学、药学、物理学、农学、工学、社会学、教育学、心理学等。

该研究所每年都要制订年度研究计划，并据该计划推进相关研究与开发，涉及鉴定技术的确立、鉴定器材的开发、少年不当行为的解析、犯罪预防对策、交通安全等。作为相关研究成果的总结，每年发行 2 篇《科学警察研究所报告》。

除研究开发外，研究所也受理各都道府县警察及法院、检察厅的鉴定委托，开展相应的鉴定与检查工作。研究所还面向各都道府县警察，为负责鉴定的技术人员提供研修支持及技术指导。

3. 皇宫警察本部：该警察本部设立于明治 19 年（1886 年），设立之初为宫内省皇宫警察署。几经变迁后，昭和 29 年（1954 年）随着新《警察法》的推出而成为警察厅的附属机构，更名为“皇宫警察本部”。皇宫警察本部自创立之初即是以保护皇室安全为目的的国家机构，负有重大使命并拥有自身的特有传统。

就其组织结构而言，其由 2 部 10 课、4 个护卫署及皇宫警察学校构成。天皇、皇后及皇族各殿下的护卫工作由护卫部负责，皇居、赤坂御用地、各御用宫邸、京都御所及正仓院等皇室设施安全则由警备部与 4 个护卫署负责保障。

皇宫警察本部职员由皇宫护卫官、警察厅事务官及警察厅技官构成，以上职员均为国家公务员，是专门从事护卫天皇、皇后与皇族各殿下，负责皇居、御所、御用宫邸警备工作的专业警察。虽然皇居位于东京都内，但皇宫警察本部警察的勤务地点却分布于一都（东京都）一府（京都府）四县（由北往南依次为枥木县、神奈川县、静冈县与奈良县），以上各地均设有御用宫邸、御料牧场、离宫等皇室设施。

护卫部负责为天皇、皇后及皇族各殿下提供近身护卫，除在皇居、御所内进行护卫，在天皇、皇后与皇族各殿出行及参加各类仪式庆典时也要随时进行护卫。他们不仅要具备过硬的护卫技能，还要具备马术、滑雪、网球、外语等各类高等素养。在各国元首及大使、公使等到访皇居时，也要骑马或驾跨斗式警用摩托加以护卫。

警备部是保护皇室安全的基础，除负责保障皇室各处御用设施的安全外，还要负责天皇生日及新年参拜、游园会等警备工作的规划，以及装备器材的配备及开发、应用等。为应对突发性事件，警备部还设有特别警备队，除每天从事各类训练外，还要在皇居宫殿等地举行皇室活动时身着特别制服营造严肃庄重气氛并予以警戒。此外，身为警察而从事消防活动，也是皇宫警察所独有的特点。

除护卫部与警备部外，皇宫警察本部还设有警务部门，通过勤务体制、人事录用与管理、教育培训、预算编制、福利制度等为皇宫警察本部提供幕后支持，为他们创造更好的工作环境，提高其工作效率。

警务部警务课还专门设有乐队，除在以游园会为代表的皇室活动、全国警察乐队演奏会、皇居东御苑午餐音乐会等演奏外，还负责皇宫警察的对外宣传工作。

四、都道府县警察本部

从日本的警察组织系统来看，都道府县警察本部及下辖警察署、警所等均为警察厅地方机关。如前文所述，各警察本部按日本行政大区分属于7大管区警察局，归各都道府县知事管辖，由各都道府县公安委员会统一管理、指挥与监督，是实际执行警务工作的一线警力。

各警察本部的组织结构大同小异，本文仅以东京都警视厅为例略作探讨。

前文已经介绍过都道府县警察本部在警察组织系统中的位置及其与警察厅的关系，但因各都道府县中只有东京都称为警视厅，其他均称为警察本部，致使很多日本人也分不清警视厅与警察厅到底是上下级关系还是同级关系。

那为什么东京都不称警察本部而称警视厅呢？原因很简单，东京是日本首都、政治“心脏”，内阁总理大臣、天皇都在东京，所以除与其他地方的警察本部一样要履行相应职责外，警视厅还肩负着护卫首都安全的重任。

下面就以警视厅为例，介绍日本一线城市警务的组织结构及其职责。

东京都警视厅位于东京都千代田区霞关，与国家公安委员会、警察厅比邻而居，是维护首都治安的一线警察组织，其最高长官为警视总监。警视厅前身是创设于1874年的东京警视厅，现警视厅则是随1954年发布的《警察法》及《警视厅设置相关条例》（昭和29年东京都条例第52号）组建的。

从人员编制来看，截至2017年4月，警视厅共有职员约46000人，其中警察官43566人，行政职员（事务、技术）3015人，另有临时职员3120人。同年度东京总人口约为1365万，作为首都，东京都警视厅的警力配置高于全国平均水平。

警视厅下设9部（部下设课，课下设系）、5本部及警察学校，各区、市等设有警察署102个，警所826处，驻地巡警所258个。

警视厅各部分管事务较为繁杂，其下设9部分别为总务部、警务部、交通部、警备部、地域部、公安部、刑事部、生活安全部与组织犯罪对策部，各部及其下设课、系分管事务都有详细规定。在日常生活中，人们最熟悉的应该就是外出时常见到的交通部所属的交通警察了，而在影视剧中，最常现身的则是刑事部。下面仅以刑事部为例对其各课分管事务及附属机构作简要说明。

刑事部下设6课，分别为刑事总务课、搜查第一课、搜查第二课、搜查第三课、搜查共助课与鉴识课，并配有3支机动搜查队。此外，刑事部还拥有科学搜查研究所与搜查支援分析中心两个附属机构。

1. 刑事总务课：该课主要负责部内杂务；刑警运作规划、管理、指导及综合性调整等相关事务；刑事资料调查收集的相关事务；刑警统计相关事务；地理地形街道房屋等资料管理的相关事务；机动搜查队的调用及联络调整等相关事务；刑事部长命令的犯罪搜查等相关事务；刑警实务教育的相关事务；不归刑事部其他课分管的事务等。

2. 搜查第一课：该课分管事务为大众所熟知，即杀人、伤害及其他涉及人身生命安全的搜查；强盗及强制性性交等相关犯罪搜查；放火及失火等相关犯罪搜查；科学搜查相关事务；与犯罪搜查相关但不归部内其他课分管的事务等。

3. 搜查第二课：该课分管事务主要涉及政治、经济领域。比如与选举有关的犯罪搜查；智力型犯罪搜查资料等的收集与整理；受理告发事件并展开搜查；贪污等相关犯罪搜查；涉及名誉及信用的犯罪搜查；诈骗（涉及利用被盗、遗失信用卡、存折等施行的诈骗除外）、渎职及挪用公款等相关犯罪搜查；伪造通货及公债的相关犯罪搜查；侵夺不动产及边界毁损等相关犯罪搜查；涉及企业等的智力型犯罪事件的搜查；与特别法相关但不归其他课分管的事务。

4. 搜查第三课：该课主要分管事物主要有与盗窃相关的犯罪搜查；与犯罪手法、手段相关的搜查；涉及利用被盗、遗失信用卡、存折等施行的诈骗犯罪的搜查；移动警察相关事务；失窃物搜查；违反相关法律持有特殊开锁用具（涉及命令、报告及入内检查的除外）的搜查。

5. 搜查共助课：该课的主要工作是协助各都道府县警察缉捕在逃的通缉犯，比如各道、府、县犯罪搜查的联络协助；通缉（包括指名通报）的相关事务；通缉嫌疑犯的追踪搜查。

6. 鉴识课：该课主要分管刑事鉴识的相关事务，包括鉴识设施的整备与应用；身份不明者等的相关调查；现场鉴识；警犬（警备犬除外）相关事务；查验现场、验尸等相关事务；鉴定指纹及脚印等相关事务；鉴识照片等相关事务，等等。

7. 警视厅机动搜查队：刑事部所配的 3 支机动搜查队分别位于东京都港区、涩谷区与立川市。该搜查队除负责恶性事件及其他重要事件的初步搜查外，还通过跨都道府县的大范围机动搜查对各类犯罪活动展开搜查与控制。各搜查队设有本部及班，还可因应需要设置搜查队分驻所。

8. 警视厅科学搜查研究所：该研究所为警视厅刑事部的附属机构，设于刑事部本部内。研究所共有 6 部 2 所，分别为法科学第一部、法科学第二部、法科学第三部、法科学第四部、犯罪行动科学部、交通科学部及附属鉴定所、法科学研究所。所从事业务涉及科学搜查、预防犯罪、预防交通事故等几乎所有搜查领域，主要负责与犯罪搜查相关联的鉴定及检查等工作，并从事与鉴定及检查方法、技术相关的研究，开展科学性检查及实验等。

司法鉴定会对搜查及审判产生重大影响，该研究所从事的鉴定工作主要分为药物鉴定、纤维鉴定、文书鉴定及测谎鉴定，分别对警方没收的毒品、兴奋剂等违法药物进行分析；对细小纤维残片进行鉴定，为犯罪事实的认定提供证据；对伪造印刷物进行鉴定等。

为确保犯罪搜查相关研究开发的切实推进，科学搜查研究所的各类研究开发课题，如提高恐怖案件中图像解析技术等均会就预算、要求等重点事项进行事前及事后评价。

9. 警视厅搜查支援分析中心：该中心成立于 2009 年，也是警视厅刑事部的附属机构，设于刑事部本部内，分管与犯罪搜查支援的相关事务（不包括其他部、课等分管的支援业务），并从事与搜查支援的必要调查及研究开发相关的工作。从属性来看，该中心实为应对犯罪的大区域化、电子化而成立的快速反应部队。

分析中心的分析官由刑事部部长指定，一般掌握高水平搜查支援分析技术。当警察署长或本部的事件主管课长提出搜查支援请求，且刑事部长认为确有支援必要时，该中心需迅速提供搜查支援，主要是通过电子仪器解析及搜查支援系统对所获取的搜查信息分析等为搜查人员提供必要援助。

五、结论

自 1873 年至今的 140 余年间，日本警务系统的组织结构及各机构职责等也随着《警察法》的制定与修订不断变化，但自 1954 年日本《警察法》全面修订即现行《警察法》实施以来，日本警务系统整体虽无太大变化，但随着经济社会及技术等领域的发展，助长犯罪的各类服务及网络也随之发达，犯罪活动的恶劣程度、犯罪手法的巧妙程度、匿名化及国际化等也无疑加大了警方的搜查难度，在犯罪信息及证据的搜集、分析、搜查、追踪等各方面，对警方所提出的要求也越来越高，所以，尽管日本的整体警务系统、组织结构等基本维持原状，但相关技术部门的技术技能应不断提高，各类研究机构、支援机构也应不断加设。

当然，从整体社会治安来看，日本无疑是世界上最安全的国家之一，甚至有英国媒体称，因日本太过安全，日本警察只好“没事找事”地“寻找犯罪”。有数字显示，日本犯罪率连续 13 年走低，平均每 10 万人中仅有 0.3 起凶杀案发生，为世界最低，这离不开日本健全的警务系统。

综上所述，我们认识到日本城市警务系统较为完备，且随着社会、时代的发展，不断提高搜查等相关技术能力与研究能力，使日本社会整体相对安全，这些得我们学习。

社区警务中群众工作方法的实践和思考

陈先岩*

摘　要：社区警务直面群众，做好社区警务工作，需要社区民警走近群众，了解群众，熟悉社情民意，激励群众共同参与，引领群众自治共享。群众路线是战胜一切困难的法宝，是社区警务工作取得实效的不竭源泉和动力。社区民警做群众工作，心要仁、心要诚、心要细、身要正、身要低。社区民警的一切行为，都要从群众的需求出发，以群众的获得感为目标，宁愿牺牲自我，也要成全他人。

关键词：社区警务　群众工作　社区民警

习近平总书记在党的十九大报告中要求："建设平安中国，加强和创新社会治理，维护社会和谐稳定，确保国家长治久安，人民安居乐业。"社区警务直面群众，不仅担负着公安机关依法赋予的人口管理、治安管理、出租房屋管理、社区安全防范、社会矛盾化解、邻里纠纷调处、情报信息收集等基础管理工作与数据录入传输，还有大量的便民服务工作。随着改革开放和城市化进程的加快，一个社区民警要担负数千户，甚至上万户的人口管理工作，完成任务的路径就是走群众路线，不断改进工作作风，创新工作方法，深入组织发动群众共同参与，共同管理，共享成果。

一、社区警务群众工作的基本方法

（一）自我推销，尽快走进群众心中

当你进入一个新的单位时，你想尽快熟悉情况，了解别人，别人同样也急切地想了解你。好的开端就是成功的一半，"第一印象"十分重要。为了实现目标，社区警务既要有长线规划，又要有"短、平、快"的急招。

1. 开展各种"现身"活动。社区民警召集社区居民党员、居民干部、楼长、组长开会座谈，介绍自己，相互熟悉；宣传公安机关相关政策、规章制度、便民措施，

＊陈先岩，江苏省扬州市公安局广陵分局副政委。

将办公桌搬到小区大门口“坐台”。居民上下班、去菜市场、接送孩子等必然经过小区大门，社区民警便可在门口摆上桌椅，坐在那里接受咨询，受理服务项目，征求居民对社会治安治理与服务的建议和意见。每月抽出一周时间，长期坚持下去。

2. 用小喇叭传情。每天晚上 8 点至 9 点，社区民警手持小喇叭，行走于各小区，顺着楼栋号，从头走到尾，用诚挚的声音提醒居民：车辆上锁，关好门窗。喊出的是声音，传出的是勤政爱民的真情。

3. 不断开展公益活动。夏天组织有技术的居民为邻里义务换纱窗，春节组织发动为困难居民捐款、捐物，树立起人民警察爱人民的良好形象。

（二）了解群众，尽早熟悉社情民意

1. 普遍走访，熟知“三类人群”。社区民警必须熟知三类人群：治安防控、获取情报信息所依靠的人，重点管理、教育甚至打击的对象，应该竭力帮扶的困难家庭。制订走访计划，一户不漏地熟悉情况，普遍走访与日常服务相结合。登门以不打扰为原则，把握时机和季节。走访前，先在要走访的楼道口（电梯）放置醒目的提示牌进行预告，上门时一般要着警服，必要时约上居民干部陪同，遇到个别不愿开门的住户，请邻居帮助。进门主动出示证件，讲究卫生，注重礼节，尊重居民的风俗习惯。交流时因人而异，选择适当的话题，注意方式方法。

2. 做好笔记，以便日后管理使用。走访群众要制作走访笔录，及时录入人口管理平台。走访中，将性格外向、健谈，对社区大事小事关注、对治安管理提出有益建议和意见的人，列入可依靠人群；将发表对社会不满情绪、态度极端和有前科劣迹的人员，列入重点管理人群；将家庭矛盾突出、邻里关系紧张的人员，列入重点关注对象；对家庭特别困难的人群及精神病人要制作专门档案酌情回访，建立联系方式。

（三）宣传发动，激励群众共同参与

1. 阵地宣传。在社区主要交通道路旁建设“平安共同体”宣传长廊，设置宣传橱窗，制作若干个可移动的宣传栏，在各小区巡回展出。宣传内容主要以本小区的人和事为主，以身边的人、身边的事，弘扬正能量。

2. 造势宣传。根据季节性发案特点，在居民休假期间，各网格小区摆摊设点，设置宣传牌，拉横幅，以案释法，集中宣传。

3. 网络宣传。采用微信公众号和分类建群等手段，推送“每周治安形势分析”和“创安”工作等服务措施，既提高居民的安全感，又提高居民的忧患意识。

4. 开会宣传。每季度以召开会议的形式向居民干部、民意代表报告工作，征求意见建议，共同商讨解决小区管理中存在的问题和方法。遇有特殊情况，随时召开会议。

5. 精神激励。在居民中开展评先评优活动，制定评比条件，开展治安光荣人家、治安积极分子、治安模范楼等系列评比活动，颁发证书，将评比结果在社区内上墙通报，将社区内积极参与治安防治、见义勇为、捐款创安、捐资扶贫、捐资助学等好人好事，配上照片广为宣传，树立榜样，弘扬正气。

（四）深入组织，引领群众自治共享

1. 编织网络，加强社区防范和信息收集。根据社区自然形成的环境，围楼成院，切块而治，分层级管理，划分若干个“一级网格”（小区），平均每个网格内有居民400户左右，网格长由社区居民干部担任，再以楼栋为单位设置“二级网格”，从本楼栋挑选1~4名居民志愿者担任网格员。居委会主任和社区民警兼任正、副总网格长。网格员职责：了解收集所在楼栋人口变化、出租房屋、邻里和家庭矛盾纠纷等信息，及时向网格长传递。网格长对正、副总网格长负责，社区民警对上报的信息分类研判处理，房屋出租、人口变化情况当天录入省厅大平台。矛盾纠纷调处，小事不出网格，大事不出社区。

2. 组织防范力量，建设“平安共同体”。（1）以专职防控为基础，居民志愿义务为补充，组建居民防控大队，在负责社区安保的同时，兼做情报信息收集上报（警务室）等工作。（2）充分依靠社区党组织，组织社区离退休党员和居民治安积极分子成立义务巡逻队，推选出队长、副队长，建立轮流值班巡逻制度，聘请“治安观察员”。

3. 组建社区青年志愿者应急分队。青年志愿者应急分队队员从社区内场所、行业、消防重点单位和社区居民志愿者中选取，对其进行必要的消防、擒拿格斗、医护急救、水电抢修等技能培训，一旦社区有事，确保三分钟内处置到位。

4. 开展经常性组织活动，增强组织感。制定周、月例会制度，定期组织开展政治学习、业务训练和治安形势分析研判；聘任辅导员，定期组织不出市区的“外出参观”，感受发展成果，增强志愿者们的归属感、认同感、自豪感、光荣感。

5. 以众筹方式解决防范资金来源问题。老旧小区常常没有物业公司愿意接手，因此可以动员小区居民每户每年出资200元作为防范资金，汽车泊车位按每年每辆600元收取管理费，所筹资金用于聘请保安、保洁员，制定服务标准，确保社区安全、整洁。

6. 服务群众，不设边界。围着群众转，奔着和谐干，以火一样的热情对待每一位需要提供服务的居民。为居民换纱窗、疏通下水道，清理小区居民丢弃的老旧家居杂物，修剪维护绿化等，这些并不在公安民警职责范围内的事项，只要居民需要，概不推诿，以真诚周到的服务凝聚民心，赢得居民对公安工作的支持和参与。

（五）社区民警一日工作“八字诀”流程

上午：

一巡，所辖全部居民小区。

二问，是否有案（事）件发生。

三宣，宣传防范常识，灌输防控理念。

下午：

四查，是否存在安全隐患。

五访，入户（企）录取人口和情报信息。

六判，研判一日社情。

七处，处置相关问题。

八输，网输一日社区人口等情报信息。

（六）年目标、月计划、周安排

1. 年目标示例。

2018年工作目标：可防性案件数量减少至上年的二分之一，私房出租登记录入率100%，暂住人口登记录入率100%，治安警情压降三分之二，移车警情压降95%，邻里矛盾纠纷调处力争小事不出网格，大事不出社区。年度实现无重大火灾，无进京非法集访。居民安全感、满意度不低于98%，群众参与自治率不低于99%。

2. 月工作计划示例。

（1）协助社区干部做好103幢、99幢拆迁户搬迁安全防范工作，及时提供相关服务。

（2）密切关注102幢、97幢部分居民对拆迁工作的思想动态，及时掌握相关信息。

（3）开展一次关于集访、非法上访相关法律知识的宣传，创造条件聘请扬州大学法学院法学教授为102幢、97幢居民开展维权法律咨询。

（4）社区民警完成入户走访100户。

（5）组织业余消防队员进行一次操作器材训练。

（6）召开保安例会，评出月度保安之星。

（7）排查安防漏洞。

3. 周工作安排示例。

（1）做好常州市公安局司升督培训班80名学员考察社区警务接待工作。

（2）关注103幢、99幢居民楼征收拆迁工作，严防暴力拆迁和居民极端行为。

（3）高度关注102幢、97幢居民动态，防止非法上访和集访。

（4）社区民警完成入户走访25户，并及时准确录入相关信息。

（5）召开社区居民防控大队工作例会。

（6）及时清理各类小广告。

二、社区警务群众工作的心得体会

社区民警岗位是公安机关接触群众最广、社会触须最长的特殊警种。社区民警虽然处在公安机关最基层，却对公安事业起着支撑作用。二十多年来，笔者深深感到一个称职的社区民警绝不只是熟背几部法条、为群众做几件好事那么简单。社区民警要始终牢记习近平总书记教导我们的："党的一切工作必须以最广大人民根本利益为最高标准，我们要坚持把人民的小事当做自己的大事，从人民群众关心的事情做起，从让人民群众满意的事情做起，带领人民不断创造美好的生活。"要始终将"发案少、秩序好、社会稳定、群众满意"铭记在心，敬畏于行。

群众路线是党战胜一切困难的法宝，更是社区警务工作取得实效的不竭源泉和动力。社区民警做群众工作，心要仁、心要诚、心要细、身要正、身要低。心要仁，是指判断一个社区民警是否称职，不在于其在工作中抓了多少人、破了多少案，而在于其教育了多少人、挽救了多少人、拯救了多少个家庭。心要诚，是指社区民警的一切行为都要从群众的需求出发，以群众的获得感为目标，宁愿牺牲自我，也要成全他人，绝不做华而不实、哗众取宠、不接地气的事。心要细，是指社区民警要关心群众的感受，体恤群众人情、户情、社情，充分尊重群众的感情。身要正，是指社区民警要公正、无私地干工作、做事情。身要低，是指社区民警要高调做事，低调做人，绝不摆架子，时时处处虚心向群众学习讨教，既做群众的引路人，又做群众的"学生"。

侦查阶段刑事和解的现实意义

陆 晓*

摘 要：刑事和解是落实宽严相济刑事政策的重要创新观念、司法理念和实践载体，强调恢复性司法符合和谐社会建设公平正义的基本特征，强调尊重当事人意愿符合和谐社会建设以人为本的发展方向，强调息诉止争符合和谐社会建设化解矛盾的方法路径。刑事和解能有效调整司法配置结构，推动司法流转整体增效；能有效降低司法诉讼成本，缓解司法资源供需矛盾；能有效提高司法社会效果，解决司法权威不足的问题。刑事和解有助于修复被对立的被害人与犯罪嫌疑人的人际关系，有助于修复被隔离的犯罪嫌疑人与社会的归属关系，有助于修复被扭曲的法律精神和法律实践的一体化关系。其内在机制促进犯罪嫌疑人真诚悔罪的自发性，程序标准保障犯罪嫌疑人真诚悔罪的真实性，过程控制保证犯罪嫌疑人真诚悔罪的一致性。

关键词：刑事和解 侦查阶段 宽严相济

刑事和解在贯彻落实宽严相济的刑事司法政策、敦促犯罪嫌疑人真诚悔罪、修复被破坏的社会关系、减少社会对抗、优化司法职能配置和助推和谐社会构建等方面具有重要意义和作用，这已成为公认的事实。即使法学界专业人士对刑事和解存在不同看法，也主要集中在适用范围和办案程序层面，其对刑事和解的意义和作用的认识是一致的。国内外法学专家学者普遍认为，刑事和解司法模式与惩罚罪犯司法模式一样，都以减少社会对抗、预防犯罪、促进社会和谐为根本目的，只是关键点和解决问题的方式不同而已。因此，处于司法程序第一道关口的公安机关及其具体办案人员，必须牢固树立“执法为民”的价值取向，坚持以人为本，把依法解决社会矛盾和问题作为基本要求，把引领双方当事人依法表达诉求作为主要内容，为营造办事依法、遇事找法、解决问题用法、化解矛盾靠法的良好社会法治生态而积极努力。

* 陆晓，公安部公安发展战略研究所城市警务研究中心副主任、《城市警务研究》执行副主编。

一、贯彻宽严相济的刑事政策

宽严相济的刑事政策是我国的基本刑事政策，贯穿于刑事立法、刑事司法和刑罚执行的全过程，是惩办与宽大相结合政策在新时期的继承、发展和完善，是司法机关惩罚犯罪，预防犯罪，保护人民，保障人权，正确实施国家法律的具体体现。刑事和解作为一种犯罪处置模式，有效体现了宽严相济刑事政策的精神。

（一）刑事和解是落实宽严相济刑事政策的重要创新观念。宽严相济是我们党和国家的重要刑事司法政策，是司法机关正确执行国家法律的重要指针。宽严相济的实质就是对刑事犯罪要区别对待，既要做到有力打击犯罪、维护法治的严肃性，又要尽可能减少社会对抗，化消极因素为积极因素，实现社会效果与法律效果的有机统一。刑事和解正是落实宽严相济刑事政策的重要创新理念。刑事和解虽具有中外法制史渊源，在司法实践中的尝试也早已出现，但我国刑事和解制度中关于公诉案件的当事人和解，在法律层面一直处于空白，直到2012年刑事诉讼法修正案出台，刑事和解制度才终于在我国名正言顺的实行。刑事诉讼法修正前，司法机关虽然也发布了一些有关轻罪刑事和解的规范性文件，如最高人民检察院2007年颁布的《关于在检察工作中贯彻宽严相济刑事司法政策的若干意见》、最高人民法院2010年颁布的《关于贯彻宽严相济刑事政策的若干意见》和最高人民检察院2011年颁布的《关于办理当事人达成和解的轻微刑事案件的若干意见》，对有关轻罪刑事和解问题作了明确规定，一些地方的司法机关也以各种形式开展了积极而又卓有成效的刑事和解的探索，但其毕竟属于国家法律制度外的试验。2012年修正后的刑事诉讼法明确规定了“当事人和解的公诉案件诉讼程序”，是宽严相济刑事政策下的积极立法尝试，是落实宽严相济刑事政策的重要创新观念，刑事和解的理念与宽严相济的刑事政策相符合，宽严相济的刑事政策也为刑事和解制度提供了政策依据。

（二）刑事和解是落实宽严相济刑事政策的重要司法理念。最高人民法院《关于贯彻宽严相济刑事政策的若干意见》明确规定：“贯彻宽严相济刑事政策，要根据犯罪的具体情况，实行区别对待，做到该宽则宽，当严则严，宽严相济，罚当其罪”。可见，区分不同类型的案件具体适用“从宽”或者“从严”的政策，在打击严重刑事犯罪的同时，对犯罪区别对待，实行“轻轻重重”的刑事政策，重罪重判，轻罪轻罚，是宽严相济刑事政策的精髓所在。修正后的《刑事诉讼法》立足我国国情，总结司法实践改革成果，审慎设立了当事人和解的公诉案件诉讼程序，通过合理限定当事人和解程序的使用范围，既从正面规定了使用和解的案件范围，又从反面规定了不适用和解的案件范围，正是体现了宽严相济刑事政策“区别对待”的精髓所在，是落实宽严相济刑事政策的重要司法理念。刑事和解“并没有当然否定用犯罪的方法侵害个人就是侵害社会整体的命题的成立，而是真实反映了人民越来越注重社会生活中各种相互重叠甚至相互冲突的利益多元化及其带来的价值多元化的现实。”在特定案件的和解过程中，犯罪嫌疑人向被害人做出真诚的道歉和谢罪，并给予其适当的经济赔偿，使被害人的愤怒得以平息，弥补被害人的损失，从而消除对犯罪嫌疑人的怨恨，使犯罪嫌疑人与被害人之间的矛盾得以化解。可见，刑事和解与宽严相济刑事政策之“宽”具有一致性，对于轻微刑事案件适用刑事和解，符合当前我国宽严相济刑事政策的内在要求，体现了宽严相济的刑事执法理念，是贯彻落实宽严相济刑事政策的应有之义。

（三）刑事和解是落实宽严相济刑事政策的重要实践载体。最高人民法院于2010年出台了《关于进一步贯彻“调解优先、调判结合”工作原则的若干意见》（以下简称《意见》），《意见》第五条专门要求，“积极探索刑事案件调解、和解工作。要在依法惩罚犯罪的同时，按照宽严相济刑事政策的要求，通过积极有效的调解工作，化解当事人恩怨和对抗情绪，促进社会和谐”。除了刑事自诉案件之外，“对民间纠纷引发的轻伤害等轻微刑事案件，诉至法院后当事人自行和解的，应当准许并记录在案。也可以在不违反法律规定的前提下，对此类案件尝试做一些促进和解的工作”。经过一段时间的改革探索，一些地方司法机关出台了有关公诉案件当事人和解工作的规范性文件，并立足于已有的规范性文件和政策指引，积极探索在公诉案件（主要是轻微刑事案件）中促成当事人和解。实践证明，通过当事人和解形式结案，能够较好地维护被害人的利益，能更好地处理社会矛盾，降低司法成本，落实宽严相济刑事政策，促进社会和谐。

二、推动和谐社会建设

构建和谐社会的理论传承了中华民族的优良传统，体现了党在新的历史条件下执政观念和执政方式的重大调整，体现在刑事司法上，就是要妥善解决社会纠纷，化解社会矛盾，稳定社会秩序，刑事和解在司法实践中有助于有效化解社会矛盾，体现司法和谐的价值，有效契合社会和谐精神。

（一）刑事和解强调恢复性司法符合和谐社会建设公平正义的基本特征。恢复性司法以恢复原有社会秩序为目的，着重于对被害人、社会所受伤害的补偿以及对犯罪嫌疑人的改造，符合当事人权益保护。在和平环境下，犯罪是社会矛盾最激烈、最主要的表现形式。公正、妥善地处理犯罪案件，是化解社会矛盾、解决社会纠纷的重要方面。刑事和解强调恢复性司法，对特定范围的案件采取替代性刑事处理方式，就是以一种和平方式，在案件当事人充分参与的基础上解决刑事冲突，尊重当事人意愿，注重发挥当事人的积极作用，尤其注重维护被害人的权益，使被害人得到较为充分的救济，并促使犯罪嫌疑人认罪、融入社会、改过自新，在当事人和解的基础上对被告人从宽处罚，尽快恢复被破坏的社会秩序和社会关系，以使对被害人及社会关系的伤害降至最低，进一步保障刑事和解双方当事人、社会及第三方权益，亦符合和谐社会建设公平正义的基本特征。

（二）刑事和解强调尊重当事人意愿符合和谐社会建设以人为本的发展方向。刑事和解以双方当事人达成和解协议为前提，在和解过程中以双方自愿为原则，尊重被害人、犯罪嫌疑人等当事人的意愿，在重点强调犯罪嫌疑人对被害人的安慰和补偿的同时，也注重对犯罪嫌疑人利益的保护，重视国家权力和个人权利的平衡，被害人、犯罪嫌疑人及公共利益之间关系的平衡，通过在司法程序中对当事人权益的保护、充分尊重当事人意愿，在刑罚领域彰显我国以人为本的和谐社会理念。刑事和解既是构建和谐社会的内在要求，又是推进和谐社会建设的有效手段。采用刑事和解方式解决轻微刑事案件，对犯罪嫌疑人处以尽可能少的刑罚，使犯罪嫌疑人充分体验到社会的宽容和温暖，有利于其改过自新、回归社会；有利于维持犯罪嫌疑人家庭的稳定与和谐，避免给犯罪嫌疑人家庭带来情感缺失、家庭破裂或其他负面效应。刑事和解中充分听取被害人意愿，有利于从内心深处化解犯罪嫌疑人与被害人之间的矛盾冲突，尽快恢复被破坏的社会关系；有利于充分调动社会力量共同参与犯罪预防，推进司法文明步伐，提高刑法实施的法律效果和社会效果。

（三）刑事和解强调息诉止争符合和谐社会建设化解矛盾的方法路径。建设和谐社会，无疑应当将减少法律纠纷作为社会工作中的重中之重。刑事和解由于强调对于被害人的权利救济，不仅恢复了被破坏的社会关系、弥补了被害人遭受的经济损失，而且化解了双方当事人之间矛盾，消除了不稳定因素，更有利于实现社会的和谐稳定，倘若只强调对于侵害人的惩治，只会导致侵害人和被害人双方对于社会制度的仇视，这显然与建设和谐社会背道而驰。从维护社会秩序和保障人权的角度来看，注重刑罚的轻缓化、文明化，以尽可能少的刑罚达到刑罚的目的和实现刑罚功能，减少社会不和谐因素、消除影响社会稳定的治安隐患，已经成为世界各国刑罚制度改革的共同趋势。刑事和解可以解决被告人、被害人及其近亲属不断申诉甚至上访的问题，从而减轻司法机关和有关部门的压力。刑事和解强调尊重各方当事人的合法权益、及时息诉止争，顺应了刑罚轻缓化和刑罚制裁非至上性的发展趋势，当事人双方通过平等对话、友善协商，实现双方满意的结果，有效减少不必要的司法纠纷、息诉止争，能有效化解矛盾、推进和谐社会建设。

三、司法职能配置优化

当今社会，人民群众在追求公平正义之外，还呼唤建立能体现效能的司法体制。当前体制内部因为资源总量紧张和分配结构失衡而不得不寻求职能优化和科学使用，在内外作用的推动下，刑事和解在现有司法体制中调结构、降成本、提效果的作用得到不断凸显，司法职能配置也实现了自我优化。

（一）刑事和解能够有效调整司法配置结构，推动司法流转整体增效。修正后的《刑事诉讼法》第 279 条规定：“对于达成和解协议的案件，公安机关可以向人民检察院提出从宽处理的建议。人民检察院可以向人民法院提出从宽处罚的建议；对于犯罪情节轻微，不需要判处刑罚的，可以作出不起诉的决定。人民法院可以依法对被告人从宽处罚。”可见，在公安机关、检察院、法院均可以适用刑事和解，在侦查阶段、起诉阶段、审判阶段均可以选择适用刑事和解，刑事和解制度对特定案件起到了分流作用。“从哲理到实践都证明，加强诉讼中对司法权的制衡、制约是无可非议的，新修正的刑事诉讼法出台的一系列制衡侦查权、执行权的举措是正确的，是符合国家权力运行规律的”，刑事和解制度也同样如此。刑事和解协议达成后，可获从宽处理或可不被羁押，从而减少羁押成本，从而有效推动司法流转效率。

（二）刑事和解能够有效降低司法诉讼成本，缓解司法资源供需矛盾。提高诉讼效率是刑事司法的要求，诉讼过程通常很漫长，既要耗费大量的人力、物力、财力，也使诉讼当事人精神上不堪重负。当前，我国已成为继美国之后的世界第二大监狱人口国，这对社会资源的消耗是相当惊人的。传统的犯罪控制模式已经不能应对新形势的需要。刑事和解一方面起到对特定案件的分流作用，另一方面可以减少羁押型强制措施的使用。对于符合条件的案件，犯罪嫌疑人与被害人达成刑事和解协议后，可以在诉讼过程中，不使用羁押型强制措施，降低看守所资源损耗；或经过和解，能够案结事了或者免予起诉，降低监狱等羁押场所的资源消耗。在诉讼过程中，因为双方达成合意且系自愿，司法机关能有效提升诉讼效率，减少不必要的人力、物力等资源消耗，而且刑事和解操作简便，不必动用大量人力，无需特定场所和烦琐的程序，可以节省大量成本，在最短时间内及时解决纠纷。同时，刑事和解可以解决司法实践中被害人的物质损失难以恢复、预期经济利益难以实现的问题。

（三）刑事和解能够有效提高司法社会效果，解决司法权威不足的问题。在传统的国家职权主义的刑事司法模式下，被害人的地位和权利通常是被忽略和遗忘的。在检察官控诉与被告、辩护两者竞争，法官居中裁判的刑事诉讼构造中，被害人最多就是起到检方证人的作用。在这一刑事司法模式下，刑事司法程序的结束往往并不意味着纠纷的解决，一方面，被害人因犯罪行为受到的损失往往无处弥补；另一方面，犯罪嫌疑人由于已经被科处刑罚，故对于赔偿的积极性不高，导致双方可能埋下更深层次的矛盾，最终使得司法权威受到冲击。而刑事和解与以往的刑罚制度运行中的惩罚功能相比，摆脱了刑罚的暴力性和强制性特征，使案件双方当事人参与其中，充分尊重双方意愿，促成双方和解，一方面弥补被害人的损失，另一方面修复受损的社会关系，使得原有的刑罚唯一性功能得到充分完善，甚至在弱化了刑罚的单方强制性功能之后，以对话、交流和协商为解决案件的主要方式，以道歉及经济上的赔偿来弥补被害人的损失，在依法处理的过程中使双方满意，促成社会效果与法律效果相统一，从而树立司法权威。

四、修复被破坏的社会关系

维护良好的社会关系、促进社会文明发展应该是法律的应有之义。刑事和解作为一项法律制度，其着眼点正是在于修复被犯罪行为破坏的法律关系，以达到促使社会关系修复如初的作用。

（一）刑事和解有助于修复被害人与犯罪嫌疑人的人际关系。刑事和解给被害人与犯罪嫌疑人提供了一个对话的平台，犯罪嫌疑人通过描述犯罪情况及对犯罪行为的忏悔、向被害人道歉、与被害人协商经济赔偿等，使被害人感受到犯罪嫌疑人真诚悔罪的诚意；通过向被害人赔偿损失、赔礼道歉等方式，使被害人的损失得到弥补。犯罪嫌疑人通过这样的形式获得被害人谅解，从而有效化解犯罪嫌疑人与被害人之间的矛盾，增进人与人之间的和睦共处，修复被害人与犯罪嫌疑人之间的关系。

（二）刑事和解有助于修复被隔离的犯罪嫌疑人与社会的归属关系。刑事和解达成后，在诉讼过程中，可以将羁押型强制措施改变为非羁押型强制措施；可以因免予起诉而直接免于羁押；可以因从宽处罚而不被羁押或获短期自由刑，这样使犯罪嫌疑人不脱离社会或尽可能少地脱离社会，不进入或仅短时间进入更复杂的羁押环境，有利于修复被隔离的犯罪嫌疑人与社会的归属关系。而且，基于犯罪嫌疑人的真诚悔罪和对被害人的补偿，使其在心理上能更坦然地回归社会；被害人因从被害的状态中解脱出来并得到相应赔偿，也能够接受犯罪嫌疑人回归社会。对被害人而言，刑事和解制度承认并尊重其主体地位，注重对其权益的保护，使其经济利益和精神利益恢复平衡。对犯罪嫌疑人而言，刑事和解制度给予其充分的尊重，并使其及时改过自新，因和解协议的达成和履行，得以从轻或免予追究刑事责任，然后自然地回归社会。

（三）刑事和解有助于修复被扭曲的法律精神和法律实践的一体化关系。制定法律就是要通过预防、教育、挽救继而达到保障人权的目的，实施法律而采取的羁押性质的惩罚措施只是手段，但在司法实践中，逮捕羁押措施普遍适用，“在法院判决有罪的刑事案件中，95% 以上的被告人都被采取了逮捕这一强制措施”，导致犯罪嫌疑人绝大多数都是在被羁押状态下进行刑事诉讼的，羁押成了保证诉讼的惯性措施，法定羁押程序被异化为一种惩罚手段而进行使用。另外，从案件判决情况来看，“我国刑事案件中判处五年有期徒刑以下刑罚的案件大概占75%，判处三年有期徒刑以下刑罚的轻微刑事案件大概占60%” 。并且，盗窃、交通肇事、轻伤害等案件占有相当大的比例，对这些完全可以通过刑事和解程序进行调处的案件，司法机关却不得不严格依照法定程序批捕、起诉、审判，耗费了大量的司法资源。这些案件如果在审查逮捕或审查起诉阶段进行和解，一方面可以使被害人尽快获得精神抚慰和经济赔偿，同时使犯罪嫌疑人尽快回归社会，从而修复被犯罪行为破坏的社会关系；另一方面可以减少审前羁押率，降低在押人数，有利于人权保障，从而促使法律精神更好地落实到法律实践之中。

五、犯罪嫌疑人真诚悔罪

刑事和解制度有利于促进犯罪嫌疑人真诚悔罪。认定“犯罪嫌疑人、被告人自愿真诚悔罪”，显然要以自愿认罪为前提。只有当犯罪嫌疑人、被告人承认自己所犯罪行，对指控的犯罪事实没有异议，即自愿认罪的，才涉及自愿真诚悔罪的问题。

（一）刑事和解内在机制促进犯罪嫌疑人真诚悔罪的自发性。根据《刑事诉讼法》的规定，只有当“犯罪嫌疑人、被告人自愿真诚悔罪”，并且“通过向被害人赔偿损失、赔礼道歉等方式获得被害人谅解，被害人自愿和解的”，才符合当事人和解的条件。可见，刑事和解的促成，要以犯罪双方当事人自愿为前提，即犯罪嫌疑人、被告人自愿真诚悔罪，被害人自愿和解。只有这样，才能达成和解协议，公安机关才能向检察院提出从宽处罚的建议，检察院才能提出从宽处罚的建议或对于情节轻微不需要判处刑罚的作出不起诉的决定，法院才能依法对被告人从宽处罚。因此，犯罪嫌疑人、被告人真诚悔罪是被从宽处罚或不起诉的前提条件。从功利角度看，犯罪嫌疑人、被告人为了获从宽处罚或不起诉，必须自发自愿认罪，以期获得被害人谅解，只有被害人也自愿和解的，刑事和解才能达成。

（二）刑事和解程序标准保障犯罪嫌疑人真诚悔罪的真实性。一方面，刑事和解协议具有强制力，刑事和解过程中，当事人之间一旦达成和解协议，应当及时履行和解协议内容。实践中，如果和解协议未能履行，很容易引起另一方当事人申诉，导致办案机关陷入困境。因此，对于被告方故意毁约或者不履行协议的，应当认定协议失效，人民检察院可以重新提起公诉，或者人民法院在裁判时不再考虑该和解协议。则犯罪嫌疑人不能获得因刑事和解而可能获得的从轻刑罚，而且可能面对其犯罪行为造成的后果被放大或者恶化的不利局面。另一方面，《刑事诉讼法》第278条规定：“双方当事人和解的，公安机关、人民检察院、人民法院应当听取当事人和其他有关人员的意见，对和解的自愿性、合法性进行审查，并主持制作和解协议书。”可见，司法机关负有审查和解自愿性、合法性的程序要求，确保刑事和解自愿、真实、合法。

（三）刑事和解过程控制保证犯罪嫌疑人真诚悔罪的一致性。在进行刑事和解之前，需要当事双方自愿同意，当事人不同意和解的，办案部门应当尊重当事人意愿，不得强行和解。在刑事和解过程中，办案部门要以双方当事人的自愿性、一致性为前提进行。在刑事和解达成后，办案部门应当对和解的自愿性、合法性进行审查，保证刑事和解是在双方当事人自愿的基础上依法达成的。在履行和解协议过程中，犯罪嫌疑人也必须保持真诚悔罪的连贯性、一致性，如果反悔，则将进入普通司法程序，犯罪嫌疑人将无法得到从宽处罚或不起诉。因此在刑事和解的整个过程中，犯罪嫌疑人都必须保持真诚悔罪的一致性。

做好“两法衔接”提升公安机关办案专业化水平

陈　玲*

摘　要：“两法衔接”机制既对行政机关、司法机关的相互移送进行调整，也对公安机关行政职能与司法职能的相互转化衔接进行调整。但公安机关内部履行行政职能和司法职能的主体并不明确，大部分警情首先由基层派出所受理调查，大部分执法办案的职能也由基层派出所履行，因此司法实践中往往容易忽视“两法衔接”在公安机关内部行政职能与刑事职能之间的移交及证据转化问题，导致内部机制不顺及证据不符合程序要求的情形出现。公安机关内部行政司法衔接机制有其特殊性，故公安机关行政案件证据如何转换成刑事案件证据的问题需要予以重视。

关键词：“两法衔接”　公安机关　行政案件证据　刑事案件证据

“两法衔接”机制，是指检察机关会同公安机关和有关行政执法机关探索实行的旨在防止以罚代刑、有罪不究，及时将行政执法中查办的涉嫌犯罪的案件移送司法机关处理的工作机制。自2000年开始，国务院组织开展打假联合行动，第一次提出了“两法衔接”的概念。2001年，国务院发布《行政执法机关移送涉嫌犯罪案件的规定》，确立了“两法衔接”工作机制的框架，明确了行政机关向司法机关移送案件的程序等，并强调了检察院和监察机关对行政执法机关的监督。2006年，最高人民检察院、公安部、监察部和全国整规办联合下发了《关于在行政执法中及时移送涉嫌犯罪案件的意见》，2011年，中共中央办公厅、国务院办公厅转发《关于加强行政执法与刑事司法衔接工作的意见》，该意见进一步明确了参与“两法衔接”工作的行政执法机关、刑事司法机关及监察机关应当履行的职责及工作程序。除此之外，《关于做好打击制售假劣药品违法犯罪行政执法与刑事司法衔接工作的通知》《关于加强工商行政执法与刑事司法衔接配合工作若干问题的意见》等相关意见也为“两法衔接”的进程提出了具体的要求。

*陈玲，江苏省苏州市警察协会工作人员，公安部公安发展战略研究所《城市警务研究》编辑部主任。

从“两法衔接”工作的历史沿革来看，其经历了从单一移送到双向移送、从单独强调移送到相互监督的过程。“两法衔接”主要是指行政机关在办理依法受理的行政案件过程中，发现涉嫌犯罪的案件或案件线索，依照一定程序和规则移交刑事司法机关，由刑事司法机关依法处理，或者司法机关在办理刑事案件过程中，发现不构成犯罪的案件，移交行政机关依法作出相应处理的衔接机制。“两法衔接”机制主要具有以下两个特点：一是其系解决行政机关与司法机关移交衔接的规则和程序；二是衔接机制系双向机制，既包括行政机关移送司法机关的规则和程序，也包括司法机关移送行政机关的规则和程序。

一、公安机关内部行政司法衔接机制的内涵及其重要性

公安机关是武装性质的国家治安行政力量和刑事司法力量，既具有行政管理职能，又具有刑事侦查职能，相较于其他行政执法机关与公安机关之间的案件移送和工作衔接，具有行政职能和司法职能的公安机关，在履行行政调查职能时发现构成犯罪转为刑事司法职能时要适用该衔接机制，在履行司法职能时发现不构成犯罪转为行政处罚时也要适用该衔接机制。也就是说，违法案件在公安机关的治安管理部门和刑事侦查部门之间的移送本质上也属于行政执法与刑事司法的衔接。

“两法衔接”机制既对行政机关、司法机关的相互移送进行调整，也对公安机关行政职能与司法职能的相互转化衔接进行调整。但在实践中，由于具体办案机制的缘故，公安机关内部履行行政职能和司法职能的主体并不明确。从苏州的情况来看，一方面，大部分警情首先是由基层派出所予以受理调查；另一方面，大部分执法办案的职能也是由基层派出所履行，因此，公安机关在内部适用“两法衔接”的过程中，不常涉及移交问题。正是因为如此，理论上认为公安机关在行政执法过程中对于涉嫌犯罪行为的内部衔接移送程序不具有典型性，一般不将其纳入“两法衔接”的适用范围，也较少有专门的理论研究。

笔者认为，正是由于公安机关行政执法与刑事司法职能的双重性，司法实践中往往容易忽视“两法衔接”在公安内部行政职能与刑事职能之间的移交及证据转化问题，导致内部机制不顺及证据不符合程序要求的情形出现。公安机关具有行政职能和刑事职能的双重属性，既要履行治安管理处罚法、行政处罚法等行政法律法规赋予的行政管理职能及权力，也要履行刑法、刑事诉讼法等法律法规赋予的司法职能。从行政管理及处罚职能来看，公安机关内部存在不同的管辖分工，如治安部门主要依照《治安管理处罚法》对治安案件进行管理，国保部门、出入境管理部门、消防部门等依照各自的权限从事相应的行政管理及处罚；从刑事司法职能来看，公安内部各部门之间同样存在不同的管辖分工。由于《刑法》中有关罪名的规定和公

安部侦查部门设置及其职责任务的实际情况，在具体案件办理过程中必然产生部分案件的共同管辖问题。

综上，从公安机关内部来看，由于执法办案部门众多，各自有相应的管辖权限，其中大部分同时既具有行政管理职能，又具有司法职能，在办理行政案件的过程中发现涉嫌犯罪的，既涉及同一部门直接办理，又涉及不同部门之间的移交问题。因此，“两法衔接”在公安机关内部不同部门之间的移送是值得探讨和研究的问题。

二、公安机关内部行政司法衔接机制的特殊性

从公安机关现有的执法办案机制来看，其管辖权限仅是内部规定，与刑事诉讼法规定的管辖权限具有本质区别，其中最主要的区别在于强制性。刑事诉讼法规定的管辖权限具有绝对强制性，超出管辖范围的，一般不能受理立案。例如，地域管辖中应当由犯罪地管辖为主，嫌疑人居住地管辖为辅，不是犯罪地或嫌疑人居住地的司法机关不具有管辖权。但公安机关内部的管辖大部分仅是内部工作职责的区分，由于其对外均是以县级以上公安机关的名义履行职责，因此并不具有绝对强制性，如刑警大队管辖 121 种案件，治安部门管辖 103 种案件，但刑警大队仍然可以办理治安部门管辖的案件。从苏州警方的实际情况来看，目前的办案机制有两种形式，一种是由各大队按照内部权责分工履行行政职能和刑事职能，另一种是由基层派出所统一履行行政、刑事办案职能。在不同的运行机制下，对行政、刑事职能的衔接存在不同要求。

1. 办案大队办理案件的运行机制。办案大队发现涉及刑事犯罪的案件，应当按照“两法衔接”的相关规定及时移送内部管辖明确的相关部门，同时附有下列材料：（1）涉嫌犯罪案件移送书；（2）涉嫌犯罪案件情况的调查报告；（3）涉案物品清单；（4）有关检验报告或鉴定结论；（5）其他有关涉嫌犯罪的材料。接收单位对移送过来的涉嫌犯罪案件，应当在涉嫌犯罪案件移送书的回执上签字；认为不属于本部门管辖的，应当在24小时内转送有管辖权的机关，并书面告知移送案件的部门。同时，应当自接受涉嫌犯罪案件之日起 3 日内，依照刑法、刑事诉讼法以及最高人民法院、最高人民检察院关于立案标准的规定和公安部关于公安机关办理刑事案件程序的规定，对所移送的案件进行审查。认为有犯罪事实，需要追究刑事责任，依法决定立案的，应当书面通知移送案件的部门；认为没有犯罪事实，或者犯罪事实显著轻微，不需要追究刑事责任，依法不予立案的，应当说明理由，并书面通知移送案件的部门，退回相应的案卷材料。但在具体实践中，各部门很难严格依照规定履行上述移交程序和手续。究其原因，一方面，对于内部行政职能与刑事司法职能的转化是否属于“两法衔接”的范畴存在较大的争议，大部分认为“两法衔接”只适用于其他行政部门

与司法机关之间的移送，而不适用于公安机关内部的移送，毕竟在公安机关内部，无论谁受理、立案，均是以公安机关的名义进行，内部的移送只需要受理立案并写明案件来源即可；另一方面，从执法效率的角度来看，公安机关内部在办理行政案件过程中发现违法犯罪案件时，一般是在内部协调、通案后由刑事部门直接受理、立案并开展调查工作，内部再严格依照“两法衔接”规定的流程无疑会增加工作负担。

2. 派出所统一履行行政职能和刑事职能的机制。一般情况下，派出所主要承担行政案件及一些诸如故意伤害致人轻伤、数额较小的盗窃等刑事案件，但在实践中，派出所承担了大部分案件的办理工作。例如，治安大队管辖的刑事案件基本由派出所直接办理，治安大队派员参与指导，案件的侦查、采取强制措施、起诉等环节都由派出所民警主办。又如，刑警大队管辖的刑事案件，刑警大队参与案件的侦查破案，但主办责任仍然在派出所。在派出所统一履行行政职能和司法职能的机制下，同一办案主体既要履行行政职能，又要在发现涉及犯罪的案件时根据相应的程序变更案件性质，从而转化为刑事案件办理。因此，“两法衔接”要求的移交衔接的规则和程序在这一过程中容易被忽视。但事实上，虽然在信息共享、案件移送方面不存在问题，但在证据的转化和法律适用方面，由于同一办案主体既办理行政案件又办理刑事案件，在传唤手续、办案程序、法律适用、证据转化等方面均容易产生混淆。从近年来检察院监督发出的纠正违法通知书来看，行政案件转刑事案件被纠正违法的，往往都是由同一办案主体因忽视程序和证据转化造成的，对此，办案部门要引起重视。

三、公安机关行政案件证据作为刑事案件证据的转换问题

《刑事诉讼法》第 52 条第 2 款规定：“行政机关在行政执法和查办案件过程中收集的物证、书证、视听资料、电子数据等证据材料，在刑事诉讼中可以作为证据使用。”最高人民法院《关于适用中华人民共和国刑事诉讼法的解释》对这一规定进行了细化，增加了鉴定意见和勘验、检查笔录两类证据，即除了犯罪嫌疑人与被告人供述、被害人陈述和证人证言之外，其他证据材料经审查符合法定要求的，就可以作为刑事诉讼证据使用。一般来说，由其他行政机关转到公安机关的案件，公安机关在办理时均会重新开展相应的询问调查工作，故一般不会涉及言词证据转化的问题。但针对公安机关履行行政职能过程中获取的言词证据是否需要转化存在一定的争议。

一种观点认为，公安机关办理行政案件中收集的言词证据非经转化不能作为刑事案件的证据使用。其主要理由有以下几点：一是作为一种公权力，“法无明文规定即禁止”，公安机关不能根据主观臆想，自行取得法律没有明文规定的职权。二

是《刑事诉讼法》及《人民检察院刑事诉讼规则（试行）》等明确规定了行政机关收集的言词证据需要进行转化，公安机关虽然具有司法职能，但在办理行政案件的过程中履行的是行政职能。三是认为刑事诉讼较其他程序要求更为严格，刑事制裁的严厉性决定了其保守性和谦抑性，要求对被告人定罪量刑的刑事证据也比行政案件的证据要求更为严格。

另一种观点认为，公安机关在办理行政案件的过程中，只要收集证据的程序符合法律规定，内容真实客观，就可以作为刑事证据使用，无需重新收集。其主要理由有以下几点：一是认为公安机关虽然在查办行政案件时属于行使国家行政管理职权，但公安机关显然不同于其他行政机关，其属于法定的刑事诉讼侦查机关，具有双重属性。公安机关并不能马上确定所涉案件是否属于刑事案件，因此前期往往以行政案件来办理，随着工作深入，发现行政案件涉及犯罪后，才将行政案件转为刑事案件，并进行立案侦查，这一工作程序的变化并未导致承办案件的主体发生变化。二是认为公安机关在办理行政案件中收集的言词证据不经过转化也可作为证据使用具有法理依据。根据《人民检察院刑事诉讼规则（试行）》第64条第3款规定，“人民检察院办理直接受理立案侦查的案件，对于有关机关在行政执法和查办案件过程中收集的涉案人员供述或者相关人员的证言、陈述，应当重新收集；　确有证据证实涉案人员或者相关人员因路途遥远、死亡、失踪或者丧失作证能力，无法重新收集，但供述、证言或者陈述的来源、收集程序合法，并有其他证据相印证，经人民检察院审查符合法定要求的，可以作为证据使用。”三是认为公安机关在办理行政案件中收集的言词证据不经过转化也可作为证据使用具有现实合理性。提高办案效率是刑事诉讼所追求的价值目标之一，公安机关同一部门严格依照程序要求制作的笔录言词证据，如果要求在案件性质发生转变后重新制作相同的笔录，既无必要，也影响办案效率。

笔者认为，公安机关在办理行政案件中获取的言词证据，在特殊条件下经检察院审查符合法定要求的，可以直接转为刑事诉讼法言词证据。理由如下：做好行政证据与刑事证据的衔接，关键要满足三个条件，即证据的客观性、关联性和合法性。客观性是指行政证据必须客观反映刑事案件中需要证实的事实；关联性是指行政证据必须与刑事诉讼中待证明的事实具有特定的联系；合法性是指收集证据的主体合法、证据形式合法、取证方式手段合法。从法律的规定来看，若将行政机关收集的实物证据直接纳入刑事证据范围，那么该实物证据必须能够较好地满足上述三个条件，且不会因为取证主体、程序不同而影响其客观真实性。而行政案件办理过程中收集的言词证据之所以需要转化，也正是因为不同的执法主体主观性较强，容易受到取证主体、取证程序、周围环境的影响。因此，一般情况下，行政机关在办理行政案件过程中获取的言词证据，由于移交后执法主体的变更，其客观性会随着主体的变化而受到影响，接受移交的刑事司法机关在办理刑事案件的过程中，确实需要重新收集制作相关的言词证据，以保证言词证据的客观真实性。但在公安机关办理行政案件过程中，因为发现可能涉及犯罪的案件线索而直接将案件转为刑事案件时，由于执法主体并未发生变化，因此，其在办理行政案件过程中收集的言词证据的客观性、真实性和关联性往往不会发生改变；同时，如果要求该办案主体在已收集相应言词证据的情况下，再重复收集相同的证据材料，一方面不利于提高诉讼效率，另一方面，重复制作证据材料也容易导致办案人员工作失误。例如，在办理赌博治安案件过程中，办案人员受理相应的治安案件，收集参赌人员的言词证据作为行政处罚的依据，同时报立刑事案件对开设赌场的嫌疑人追究刑事责任。在这个过程中，由于参赌人员众多，可能需要对数十人进行治安处罚，在逐一制作询问笔录后，如果仍然需要同一办案主体再制作相同的刑事询问笔录，无疑会极大地增加办案主体的工作量。

从司法实践来看，检察院一般都要求某几类案件必须进行证据转化，这也导致检察院开具纠正违法通知单的情况屡有发生。因此，尽管理论上我们认为公安机关内部同一办案主体在行政案件中收集的言词证据不需要转化，但在实践中仍然要严格依照相关要求进行证据转化。

警务智库建设论*

崔永东**

摘　要：警务智库是法学智库的一个类别，其职责在于服务公安（警务）改革和公安（警务）决策，其目标之一是推进平安中国建设。警务智库为警务改革和警务决策提供智力支持，是公安机关或警察队伍的“外脑”，其智力产品和思想创新将推进公安体制机制改革、警察队伍专业化职业化建设及警务工作的现代化进程，进而在整体上推进公安文明建设与平安中国建设。当前，警务智库需要对警务现代化、警务专业化、警务规范化、警务人本化、警务社会化、警务智能化、“营造五大环境”论、警务大数据、对侦查权的控制、为健康的经营环境提供保障等焦点问题展开系统深入的研究，写出具有前瞻性、战略性和对策性的研究报告，为警务改革和警务决策提供智力支持和学理支撑，力争使智库的智力产品或思想创新成果转化为一种政策设计和制度安排，以促进国家治理体系和治理能力的现代化，为法治中国与平安中国的建设贡献智慧和力量。

关键词：警务智库　法学智库　警务决策　警务改革

一、何谓“智库”

智库又称思想库，是一种为政府、企业和社会组织的决策提供思想理念、战略策略、方案方法等智力产品并引导社会舆论、培养公共人才、搭建交流平台的具有独立性、专业性的非营利研究机构。

智库以创新性的智力产品来服务决策、服务社会。智库要有自己的特色，要有自身定位，要有不可替代性。智库人员是决策参谋、智囊顾问，要有深厚的学术素养。智库成果既要有较强的时效性、针对性（短平快），让决策部门想得起、靠得住、用得上，也要有宏观性、战略性和前瞻性（长线作业）。智库成果与学术成果不一样，评价标准也不一样，智库成果要注重决策影响力、社会影响力、国际

* 本文是公安部公安发展战略研究所城市警务研究中心研究项目“法律智库与警务智库关系研究”（csjw18）研究成果之一。

** 崔永东，华东政法大学司法学研究院院长，教授、博士生导师。

影响力。

高校智库应当以优势学科（可以跨学科）为支撑，发挥集成优势，集合校内外资源，汇集校内外精英，服务国家、区域经济社会发展。智库建设要坚持如下原则：（1）党的领导、正确导向、政治品味；（2）立足中国国情，树立国际视野；（3）依托优势学科，对接重大需求；（4）坚持科学精神、探索精神，坚持包容开放；（5）科学布局，有序发展。

智库的评价考核要尊重客观规律、注重对智库研究人员的培养和智库成果的孵化。要注重团队考核，反对“单打独斗”。要保证专职研究团队成员相对稳定，要建立跨院系、跨学科的团队。智库的重要任务就是出成果、出思想、出人才、出队伍。

法学智库是我国高校和社会科学院系统的一个重要的智库类别，在推进依法治国、构建社会主义法治体系、实现国家治理体系和治理能力现代化方面发挥着不可替代的作用。警务智库是法学智库的一种，其职责在于服务公安（警务）改革和公安（警务）决策，其目标之一是推进平安中国建设。

二、警务智库建设的导向与举措

警务智库是为警务改革和警务决策提供智力支持的研究机构，这种机构实际上就是公安机关或警察队伍的“外脑”，其智力产品和思想创新将推进公安体制机制改革、警察队伍专业化职业化建设及警务工作的现代化进程，进而在整体上推进公安文明建设与平安中国建设。

公安部人事训练局副局长陈延超在全国城市警务智库建设论坛上的讲话中指出：“随着中国特色社会主义进入新时代，迫切需要公安机关的决策部署更加科学、民主、依法。对此，公安机关要充分借助智库的‘外脑’作用，积极汇集各方面力量和智慧来共同研究解决警务工作中出现的新情况、新问题，更好地推进公安工作创新发展。”[1] 也有学者指出：“警务治理是国家治理体系和治理能力的重要组成部分，而城市警务既是整个警务治理的重要方面，也是城市现代化发展的重要保障。以加强城市警务智库建设来助推城市警务现代治理，推动城市警务现代化建设，既十分重要又非常紧迫。”[2]

警务智库建设应当以问题为导向，以提出解决问题的对策为目标，着重解决公安管理体制、警务工作机制以及警务队伍建设方面的问题，为全面深化公安改革建

1 城市警务研究中心：《全国城市警务智库建设论坛纪要》，载《城市警务研究》2018 年第一辑，第 3 页。

2 城市警务研究中心：《全国城市警务智库建设论坛纪要》，载《城市警务研究》2018 年第一辑，第 10 页。

言献策。

2017 年 12 月 18 日，全国城市警务智库建设论坛在苏州市召开，该论坛由公安部公安发展战略研究所、公安部现代警务改革研究所、江苏省警察协会、江苏省苏州市公安局主办。该论坛发出了《合力推进新型城市警务智库建设倡议书》（以下简称《倡议书》），倡导智库团队从警务治理、警务战略、警务大数据运用以及警务队伍建设等方面开展对城市警务的深入研究。特别是在警务战略方面，《倡议书》指出："围绕城市警务现代化发展的战略管理，诸如'战略愿景''战略目标''战略重点''战略对策'及相应'战略阶段'等，进行深入系统的研究谋划，以提升城市警务治理的层次性和科学性。"[1]

2015 年，公安部为落实中共中央办公厅、国务院办公厅《关于加强中国特色新型智库建设的意见》的有关要求，进一步加强公安机关新型智库建设，建立健全决策咨询制度，制定并颁布了《关于加强公安机关新型智库建设的意见》（以下简称《意见》）。《意见》指出："科学民主依法决策是推动公安工作科学发展、确保公安事业沿着正确道路前进的重要保障。"并强调智库研究应当以问题为导向，"推动公安智库从整体上向问题导向转型，切实加强公安机关新型智库建设，可以最大限度地把理论研究与实践探索紧密结合起来，以理论研究促进现代警务理念、机制、方法、手段、模式的改革创新，真正把公安工作建立在科学理论指导、现代科技支撑的基础之上。"问题是创新的起点，问题导向的研究才能真正促进智库成果的创新。

《意见》指出："以服务公安机关决策为宗旨，以政策研究咨询为主攻方向，以完善组织形式和管理方式为重点，以改革创新为动力，努力建设面向现代化、面向世界、面向未来的公安机关新型智库体系，更好地服务公安工作大局，为推进平安中国、法治中国和过硬公安队伍建设提供智力支持。"其概括了公安智库建设的指导思想。公安智库要围绕平安中国、法治中国建设，深入开展具有前瞻性、针对性和储备性的政策研究，提出专业化、建设性、切实管用的政策建议，着力提高综合研判与战略谋划能力。研究领域覆盖公安工作与公安队伍建设两个方面，形成功能完备、特色鲜明、保障充裕、结构合理、运作规范的公安智库。

在组织管理体制方面，《意见》要求健全公安智库组织机构，明确工作职责，规范运作管理。智库实行行政领导责任制，在科研任务组织实施、人事聘用与考核、财务资产管理等方面相对独立运行。在科研管理体制方面，建立公安智库专项课题立项机制，鼓励智库与公安实战部门开展合作研究，提高研究工作的针对性和实效性，构建内外联合的开放式研究平台，加强公安智库与国家智库、高等院校、科研

1　城市警务研究中心：《全国城市警务智库建设论坛纪要》，载《城市警务研究》2018 年第一辑，第 10 页。

院所的互动共享、协同创新，有计划地开展国内外警务研究合作交流，搭建公安智库高层论坛，集结公安系统内外专家学者对公安工作献计献策。在成果评价与人才培养方面，树立质量第一的评价导向，把解决公安工作重大需求的实际贡献作为核心标准，完善以贡献和质量为导向的绩效评估办法和以公安机关采纳应用为主的评价机制。把人才队伍作为公安智库建设的重点，智库研究人员实行聘任制和流动制，形成开放、动态、活力的运行机制，推动公安机关与智库之间人才的双向流动。

三、当前警务智库关注的焦点问题

（一）警务现代化

“警务”是指公安机关为维护公共秩序所进行的执法活动。也有学者指出：“所谓警务，是指在现代社会中，承担维护公共安全的机构和人员采取的一切符合法律规范的刑事司法和行政执法行为。”[1]

警务现代化是指警务工作在理念、制度、机制、手段、措施、保障、队伍、效能上的现代化。有学者指出：“警务现代化是一个从传统警务到现代警务多层面、全方位、动态化的进步变化过程，它以科技信息进步为动力，以知识、人才、制度、机制等创新为保障，以不断优化的警务机制和警务保障为依托，以促进人的全面发展为根本目标，以实现公共安全服务产品能力不断提高为标志，推动观念、运行机制、勤务模式、组织管理等各个方面发生深刻变革，从而实现从传统警务向现代警务的转变。从一定意义上讲，现代警务是科学警务、实战警务、主动警务、信息警务、效能警务。而警务现代化则试图通过建立与之相符合的警务理念、警务机制、警务手段以及警务保障，实现服务管理人本化、警务运作集约化、警务执法规范化、警务手段科技化、警务工作社会化、队伍管理科学化的目标。”[2]

（二）警务专业化

警务改革的大方向是实现警务活动的专业化，它要求警察队伍要不仅具有优良的职业道德素养，更要有较高的专业素质和专业能力。“专业化警务是充分体现公安工作专业特点、运用警察的专业智能、发挥公安工作专业优势的一种警务运行机制。警务专业化主要包括警察组织机构专业化和警务职能的专业化。”[3]

（三）警务规范化

“没有规矩不成方圆”，警务规范化不仅要求警察依法执行公务，更要求依法

1 张跃进、张光：《现代警务论》，中国人民公安大学出版社 2015 年版，第 3 页。

2 张跃进、张光：《现代警务论》，中国人民公安大学出版社 2015 年版，第 3-4 页。

3 张跃进、张光：《现代警务论》，中国人民公安大学出版社 2015 年版，第 12 页。

治警，对违法行权的警察应当依法惩戒，将警察权力关进制度的笼子里，实现警务活动的规范化、制度化、程序化。“规范化警务就是按照相关法律法规规定，制定具体的标准、程序和细则，实现执法规范、行为规范和管理规范。”[1]

（四）警务人本化

“人本”，即以人为本，体现了一种人道主义的立场和态度。该立场强调尊重人、爱护人，特别是重视人的生命价值。虽然说人道主义的理论来源于西方，但中国传统的儒家“仁道”（“仁者爱人”之道）思想与其也有相通之处。警务人本化的主要内涵在于通过警务实践来顺应民意、服务民生。正如一位学者所说：“警务人本化，即‘以人为本’的理念在现代警务管理实践中的具体应用，就是尊重人民群众的主体意识和主体地位，坚持民意导向，注重服务民生，通过警民有效沟通、重视民意收集和反馈、实行警务公开、接受群众监督和评议等一系列举措把人本化管理、人性化服务真正落到实处，充分体现了现代警务工作以人民群众的根本利益为核心价值取向的鲜明立场。”[2]

（五）警务社会化

犯罪是各种社会劣性因素综合作用而催生的一种反社会规则的现象。罪犯或潜在的罪犯隐身于社会的各个角落，警力和相关资源的有限性使得发现和惩治罪犯不能仅依靠警方的力量，必须调动社会力量与社会资源共同参与社会治安、辅助警务工作，以达到“群防群控”的目的。正如英国学者罗伯特·雷纳所说“警务并非警察的专利”，社会力量同样可以开展警务工作。警力是有限的，而民力是无限的。“公安机关要积极开拓社会资源，吸纳社会力量加入到维护社会治安的队伍中来。”“犯罪产生于社会，遏制犯罪的力量也来源于社会，只有认真贯彻群众路线，才有取之不尽用之不竭的力量源泉。”[3]

警务社会化的问题也引起了许多学者的关注。有的学者将“如何实现新形势下警务工作的社会化，构建社会化警务新模式”，以及“打造共建共治共享的社会格局”当做警务智库目前应当关注的重点问题之一。[4]另有学者也呼吁将警务工作与社会治理之间的关系的研究作为警务智库应当关注的重点问题之一。[5]

（六）警务智能化

1　张跃进、张光：《现代警务论》，中国人民公安大学出版社 2015 年版，第 12 页。

2　张跃进、张光：《现代警务论》，中国人民公安大学出版社 2015 年版，第 51 页。

3　张跃进、张光：《现代警务论》，中国人民公安大学出版社 2015 年版，第 135 页。

4　李国强：《以习近平“智库观”为指导　建设城市警务智库》，载《城市警务研究》2018 年第一辑，第 13 页。

5　王大为：《警务智库建设与社会治理研究》，载《城市警务研究》2018 年第一辑，第 17 页。

警务智能化“就是指要在公安工作中最大限度地推广、普及、运用现代化科学技术，不断改进公安机关的科技设备和装备，大力提高公安工作科技化含量，逐步实现公安工作由传统的以人海战术为主向以现代化科学技术为主的转变。科技信息化与公安工作深度融合，达到智能化的效果。”[1]

就目前来说，警务智能化就是要利用大数据、云计算和人工智能等技术手段来代替过去公安业务工作中的“手工作业”方式，从而促进警务技术和警务工作的现代化。不仅如此，随着警务智能化的发展，还必将带来警务管理体制机制、工作模式和警务理念的变革，从而为整个公安体系带来深刻变革，并极大地促进公安文明的建设。

（七）“营造五大环境”论

“营造五大环境”论是公安部部长赵克志提出的当前公安工作的主要任务，警务智库应当开展有针对性的研究，拿出令人信服的成果来。所谓“营造五大环境”是指：1. 营造安全稳定的政治环境；2. 营造安定有序的社会环境；3. 营造公平正义的法治环境；4. 营造优质高效的服务环境；5. 营造风清气正、干事创业的警营政治生态环境。

警务智库要围绕上述问题开展深入研究，如围绕营造安全稳定的政治环境问题，要重点开展国家安全建设能力研究；围绕营造安定有序的社会环境问题，开展对健全社会治安综合治理防控体系、创新社会矛盾预防和化解机制、增强城镇和农村社区等基层治理体系效能的研究；围绕营造公平正义的法治环境问题，开展对推进依法行政、严格规范公正文明执法、保障民警执法权等问题的研究；围绕营造优质高效的服务环境问题，开展对转变公安机关服务理念和运行机制的研究；围绕营造风清气正、干事创业的警营政治生态环境问题，开展对警队纪律作风建设、警队监督体系建设、警察职业保障等问题的研究。

（八）警务大数据

“警务大数据既是警务现代化战略发展的重要组成部分，也是重要的实践路径。要充分认识警务大数据的战略价值，真正从战略发展层面推动建设和运用。抓住警务大数据战略发展机遇，有助于全面有效地推动警务改革创新。把握警务大数据‘三要素’，才能有力地推动警务发展质态的战略提升。要抓住制约警务发展的问题，积极推动警务大数据战略实践。运用大数据科学预测预防，能有效防控犯罪和治安问题。依靠大数据集约合成作战，能有效遏制突出犯罪和安全隐患。借助于大数据规范勤务运作，能有效提升警务技能。要立足警务现代化发展战略，科学谋划和建

1 张跃进、张光：《现代警务论》，中国人民公安大学出版社 2015 年版，第 115 页。

设警务大数据。”[1]

应该说，“智慧警务”是现代警务建设的一个方向，大数据、人工智能是“智慧警务”的重要支撑，它对警务现代化有着重要的推动作用。因此，警务智库应注重研究大数据、人工智能与现代警务之间的关系，为完善“智慧警务”建设献计献策，为相关标准和制度的制定出谋划策。

（九）对侦查权的控制

西方国家对侦查权的控制模式具有三个特点：“第一，西方国家对侦查权的控制主要以侦查机关的内部监督与法院的外部监督相结合的方式进行的；第二，监督是在诉讼框架内进行的，即使是内部监督，也很强调检察机关对警察侦查行为的诉讼监督；第三，监督以司法救济作为司法保障的最后一道屏障。这些特点对完善中国侦查权控制机制具有重要的参考借鉴意义。”[2]

在中国，对侦查权的控制模式主要有三种：1. 内部监督。通过机构内部自下而上的行政手段来控制侦查权，防止其滥用或错用。2. 检察院对侦查活动进行司法控制，包括对公安机关的立案权进行监督，通过审查批捕对公安机关的羁押权进行制约，对侦查违法行为提出纠正意见，对羁押场所进行监督等。3. 法院通过审判活动对侦查活动进行事后司法控制，一旦发现侦查人员在侦查过程中确有刑讯逼供、非法搜查、非法拘禁、超期羁押等违法行为，法院有权排除以非法手段获得的证据。“从以上三种控制形式中可以看出，立法者对侦查权控制采取的原则是：以侦查机关自行监督为主，检察机关监督为辅，法院事后控制为补充。”[3]

对侦查权的控制存在如下问题：1. 侦查机关内部监督机制不透明、不公开，导致侦查权行使的随意性；2. 检察机关对侦查权的柔性监督和监督缺失，导致侦查权控制缺乏有效性；3. 检察机关对自侦权的监督违反了权力制约的基本原理；4. 超期羁押缺乏司法审查；5. 被羁押人对羁押提出异议、申请国家赔偿的渠道不通畅。综上所述，“中国侦查权控制存在的主要问题是：监督软弱，约束乏力，救济薄弱”[4]。

由此可以看出，对公安机关侦查权最有力的控制是检察机关的司法控制，但该控制又存在手段偏软、监督乏力的问题。笔者在一次座谈会上与上海市人民检察院检察长张本才讨论该问题时用了“软”和“盲”两个关键词，表示检察机关对公安机关的监督存在“软”——手段软弱和“盲”——监督不到位的问题，应当让监督

1 张跃进：《从警务战略发展的视角来推进警务大数据的实践与思考》，载《城市警务研究》2018 年第一辑，第 35 页。

2 陈光中：《中国司法制度的基础理论问题研究》，经济科学出版社 2010 年版，第 277 页。

3 陈光中：《中国司法制度的基础理论问题研究》，经济科学出版社 2010 年版，第 279 页。

4 陈光中：《中国司法制度的基础理论问题研究》，经济科学出版社 2010 年版，第 284 页。

手段变硬，带有刚性，同时还要改变过去偏重事后监督而事前、事中监督不足的状况，实现监督全覆盖。如果真正解决了“软”和“盲”两大问题，会极大提高对侦查权司法控制的效力。警务智库应当对上述问题进行深入研究，提出切实可行的对策建议，这不但有助于对侦查权的控制，还会有助于打造一支文明执法的侦查队伍。

（十）为健康的营商环境提供保障

市场经济是法治经济，市场经济的有序发展离不开健康的营商环境。简言之，营商环境实质上是一种法治环境，它不仅要通过立法手段来塑造，还要通过司法手段来保障，更要通过执法手段来维护。只有营造良好的法治环境，才能为营商环境“保驾护航”，才能促进经济的发展，才能增强我国抵御贸易战的能力，并实现“弯道超车”。

客观地讲，我国当前的营商环境确实存在诸多问题，而这些问题的存在往往又与公安执法存在一定的联系。公安过多地介入经济纠纷、甚至突破执法底线是其症结所在。例如，将经济纠纷当成刑事犯罪来处理，在执法中没有做到对不同的市场主体进行平等保护、对产权尤其是知识产权的保护不够到位等，对经济的发展产生了不良影响。

正视问题的存在并尝试解决问题，是一种正确的态度。2018 年 1 月 1 日，公安部、最高人民检察院联合发布了《关于公安机关办理经济犯罪案件的若干规定》，其要点如下：一是规范公安机关办理经济案件的程序；二是强化检察机关对公安机关的法律监督；三是严格区分经济犯罪与经济纠纷的界限；四是坚持各类市场主体的诉讼地位平等、法律适用平等、法律责任平等；五是要求公安机关、检察机关在办理经济案件时，必须树立保护人权的意识，坚持非法证据排除，坚决反对刑讯逼供和自证其罪。

如果上述措施能够完全落到实处，必能大大改善营商环境，对我国的经济发展极为有利。作为警务智库，应当关注上述问题，特别要重视对营商环境与公安执法之间关系的研究，如对公安力量介入经济领域时应当恪守原则问题要加强研究，并将这种原则进行制度化安排，以形成公安执法的“红线”和“高压线”。笔者认为，应当要求公安执法队伍严格遵守如下几个原则：一是平等保护原则，对不同所有制企业、不同市场经营主体进行平等保护；二是产权保护原则，尤其要注重对知识产权的保护；三是严格区分经济纠纷与刑事犯罪界限的原则，切忌不要将普通的经济纠纷当成刑事犯罪来处理。对上述原则及其他相关原则，警务智库可以开展更加深入系统的研究，并提出切实可行的建议，以影响决策，从而有效推动经济社会的发展。

四、结语

警务改革或公安改革主要围绕“管人”与“管事”两个方面来展开，“管人”旨在建设一支作风优良、素质过硬的专业化执法队伍；“管事”旨在构建一套规范化、科学化和现代化的执法权力运行体系。为此，必然要加强监督，形成权力制衡机制，在警务系统实现对侦查权、执法权的有效控制，以推进警务改革和警务文明建设。

警务智库存在的意义就是对上述问题展开系统深入的研究，提出具有前瞻性、战略性和对策性的研究报告，为警务改革和警务决策提供智力支持和学理支撑，力争使智库的智力产品或思想创新成果转化为一种政策设计和制度安排，以促进国家治理体系和治理能力的现代化，为法治中国与平安中国的建设贡献智慧和力量。

关于公安机关城市警务智库建设的思考

武 浩*

摘 要： 城市警务智库建设，要坚持党的领导、调查研究、融通中外。警务智库应成为研究上级部署落实之策、解决公安实战问题和决策执行问题、吸收先进经验改进工作方式方法的智库。国外警务智库引进“大数据”分析、广泛汇集研究力量、注重收集调研基础材料和成果宣传推介等建设经验值得借鉴。天津市公安局自2015年8月起逐步组建起总人数达559人的公安智囊团队，建立起全市公安调研体系，组建了天津市公安局警务智库，为安保维稳、公安改革等核心工作提供了有力的智力支撑。天津市局的经验表明，警务智库建设要开发智库人力资源，打造“智囊”集聚宝库；建立科学研究模式，打造“智慧”培育宝库；培育先进智库文化，打造先进高尚宝库；研究建立体制机制，打造高效运转宝库。

关键词： 智库建设 城市警务 天津经验

建设公安机关城市警务智库是贯彻党中央、国务院、公安部建设新型智库部署的重要举措，是提升公安工作效能的重要支撑。本文在学习借鉴国内外警务智库建设经验的基础上，立足工作实际，提出公安机关城市警务智库建设的原则、思路和主要措施，以期对警务智库建设有所裨益。

一、公安机关城市警务智库的含义、建设原则和思路

把握公安机关城市警务智库的含义，明确智库的建设原则和思路，是开展警务智库建设要解决的首要问题。

（一）公安机关城市警务智库的含义

“智库”又称“思想库”“脑库”，英文为Think Tank，最早出现于第二次世界大战时期，当时主要用于军事领域。经过多年发展，“智库”逐渐脱离军事色彩，

* 武浩，天津市公安局指挥部研究室三级主任科员。

成为为政府和非政府组织提供决策咨询的机构。近年来，智库种类不断细化，形成了大量专业智库，警务智库属于其中一类。2015年，中央办公厅、国务院办公厅印发《关于加强中国特色新型智库建设的意见》，掀起了智库建设的热潮。同年，公安部出台《关于加强公安机关新型智库建设的意见》，正式拉开了新型警务智库建设的序幕。目前，我国警务智库主要由两大部分构成，可简要概括为公安行政机构中以辅助领导决策为主要任务的“业务型智库”和公安非行政机构中开展公安工作和队伍建设学术研究的“学术型智库”。公安机关城市警务智库属于业务型智库，是建立在城市公安机关，以辅助城市公安机关领导决策、服务公安实战为主要任务的公安研究机构，发挥“参谋部”“智囊团”作用，主要职能是开展事关城市公安工作长远发展的理论研究，为科学决策提供坚实的理论支撑；围绕城市社会治安和公安工作重大现实问题，开展多学科的综合研究，提出具有针对性和可操作性的政策性建议；针对制约城市公安工作和队伍建设的根本性、关键性问题，以及城市社会治安的热点、难点问题开展调研，提出治标之法、治本之策。

（二）公安机关城市警务智库建设的原则

保证沿着正确方向开展公安机关城市警务智库建设，要坚持以下原则。

1. 坚持党的领导原则。坚持党的领导是建设公安机关城市警务智库的根本保证。要深学笃用习近平总书记“智库观”，将习近平总书记“智库观”作为开展公安机关城市警务智库建设的元、纲、宗，把习近平总书记的“智库观”作为开展公安机关城市警务智库建设的“羊皮卷”、工具书、座右铭；要认真学习领会、贯彻落实习近平总书记“四句话、十六字”总要求，将其落实到公安机关智库建设各项工作中；要站在党治国理政的高度，深刻认识公安机关智库建设的重大意义，落实党关于智库建设的部署要求，以高度的政治责任感和历史使命感开展智库建设，以提升决策科学化、法治化水平为目标开展智库建设。

2. 坚持调查研究原则。调查研究是公安机关城市警务智库生存发展的“生命线”。习近平总书记强调，“调查研究是谋之基、成事之道。没有调查，就没有发言权，更没有决策权。”坚持调查研究原则，要深刻认识调查研究之于献计献策的“资格证”地位，之于发现、解决问题的“金钥匙”作用，之于获取信息、摸清情况的“金手指”作用；要牢固树立以辩证唯物主义和历史唯物主义为哲学指引、以调查研究为智库根本研究方法的理念；要坚持问题导向、创新思维，构建科学研究模式，切实保证研究的客观性、辩证性，提出措施的精准性、有效性。

3. 坚持融通中外原则。西方发达国家警务智库建设起步早，积累了警务智库建设的先进经验。新中国成立以来特别是党的十八大以来，我国积极开展警务智库建设，探索出不少好方法、新举措。学习借鉴国内外警务智库建设经验是优化公安机关城市警务智库建设、提升建设效能的重要途径。坚持融通中外原则，要认真学习国外警务智库建设先进经验，结合智库建设具体实际，以我为主、为我所用；要认真学习国内其他地区警务智库建设先进经验，立足本地区警务智库建设实际，积极对照改进工作；要认真总结、固化自身警务智库建设经验，查找、弥补工作中的不足。

（三）公安机关城市警务智库建设思路

建设“五看”型智库，是公安机关城市警务智库有效履行职责使命的重要基础，是智库建设的基本思路。

1. 建设 “向上看”智库，研究上级部署落实之策。习近平总书记指出，“抓落实的过程，必然会遇到许多矛盾和问题，只有努力解决好各种矛盾和问题，才能把落实工作真正抓好、抓出成效。”抓好贯彻落实，是对党忠诚的具体体现。作为公安机关“智慧库”的城市警务智库，要具备对落实问题提出解决之策的能力，为贯彻落实中央及各级党委、政府的工作部署提供智力支持。

2. 建设“向下看”智库，解决公安实战问题。公安机关基层一线民警任务重，其担负着守护一方平安、服务一方百姓的重大责任，是公安机关维护安全稳定、服务人民群众最直接的力量、窗口和纽带。当前我国正处于社会转型期，人民群众新需求、社会稳定新问题、公共安全新挑战不断出现。公安机关城市警务智库要具备紧盯公安实战并及时发现问题，研究提出解决之策的能力。

3. 建设“向内看”智库，解决决策执行问题。决策主要包括 3 个方面的内容：决策的形成，决策的执行，决策执行情况的反馈。做好决策工作，就要坚决把这 3 方面的内容抓住、抓好、抓实，全力做好各项工作。城市警务智库应充分发挥辅助领导决策的职能，不仅要提好决策建议，还要具备研究解决决策执行中问题的能力。

4. 建设“向外看”智库，学习经验、改进工作。当今世界，一日千里。经济社会快速发展，安全稳定形势不断变化，国内外不断出现警务工作新思路、新措施。城市警务智库要跳出仅研究本地区的思维局限，树立借鉴思维，强化学习意识，以全球视野追踪先进经验，对照先进查找差距，将“引进消化吸收再创新”作为重要的警务工作创新思路和创新手段。

5. 建设“向案看”智库，鉴思案件、排查自身问题。“以铜为鉴，可以正衣冠；以人为鉴，可以明得失”。每一起恐怖袭击、群体性事件、重大刑事案件、治安灾害事故等严重影响社会安全稳定的案事件，均能折射出公安基础工作、社会面治安管控、矛盾排查化解等工作中存在的问题。公安机关城市警务智库要具备案件鉴思能力，以案为鉴，对照检查自身工作的短板不足，提出改进之策。

二、国内外警务智库建设的启示

国内外开展警务智库建设的经验，对公安机关城市警务智库建设具有启示意义。

（一）国外警务智库建设的启示

国外警务智库建设中，引进“大数据”分析、广泛汇聚研究力量等经验具有学习借鉴价值。

1. 注重“大数据”分析。拥有优质警务研究中心的美国兰德公司在“大数据”分析应用等方面的做法，对公安机关城市警务智库建设具有启示作用。“大数据”分析是广泛收集数据，运用“云平台”类的先进工具对数据进行深度分析挖掘的分析方式。它的最大价值在于将海量数据进行关联，从相关关系中理出规律、发现问题，并有效预测未来。兰德公司早在20世纪70年代就成立了数据采集部门。在40余年的发展过程中，它建立了大量数据库，数据涵盖面广，跨越了不同学科专业范畴。该公司采用先进的技术手段对海量数据进行分析，发现事物规律，进而有效预测事件，辅助决策者决策。将“大数据”分析引入公安机关城市警务智库，有利于优化分析逻辑，将因果逻辑升级到相关逻辑，进而得出更加科学的意见建议。

2. 注重广汇聚人才。仍以兰德公司为例，该公司在全球53个国家招募研究人员，构建了由1875名员工组成的大型人才库。其中，拥有硕士学历的研究员占36%、拥有博士学历的研究员占56%。研究员的知识背景涉及许多不同的专业，如社会科学、政治学、行为科学、政策分析、国际关系、物理学、数理统计、经济学、计算机科学、工程学等。这些来自不同专业、不同国家、拥有不同经历的人员以他们多元的价值观、丰富的研究视角研究解决实际问题，形成的研究成果质量较高。建设公安机关城市警务智库，在组织研究力量时要具有全国乃至世界视野，在开发、运用好公安机关内部资源的同时，面向社会广泛汇聚所需人才。

3. 注重收集调研基础材料。英国警察基金会成立于1979年，由格林尼治哈里斯勋爵创办。在成立近40年间，以警务研究、政策分析、培训和咨询等多种方式积极参与警务政策制定和警务实战工作，成绩显著。基金会通过举办各类活动为警界高层、研究学者、执法人员、政策制定者提供对当下警务热点问题讨论的平台，并通过这一平台汇聚情况、观点。基金会建立讨论平台的实践，本质上是广泛收集调研基础材料的实践。建设公安机关城市警务智库，要树立广泛收集调研材料的理念，全面系统地收集资料。

4. 注重成果宣传推介。美国警察基金会成立于1970年，致力于研究解决警务实际工作中遇到的难点问题。基金会重视研究成果的宣传推介。在组织结构中设有专门的公关部，同时在线宣传研究成果，保障成果的推广应用。以在线出版为例，基金会定期在线出版《美国警务新思路》《犯罪制图与分析》《警察基金会新闻》等成果载体，保证了成果的高效转化。美国警察基金会的经验启示我们，开展智库工作，要高度重视成果转化，多渠道转化研究成果。

（二）国内警务智库建设经验

多年来，我国警务智库建设积累了宝贵经验，应当予以学习借鉴。

1. 注重调研人员的多样化。公安部第四研究所（以下简称四所）成立于1986年6月，是我国第一家警务智库，研究范围包括新时期社会治安工作面临的新课题；中国公安历史研究；国外警学、警务实践工作、犯罪问题研究。四所非常注重吸纳来自专业研究机构和基层机关的具有不同视野的研究人员协同工作，在“改进公安统计工作”“沿海地区公安发展战略”“中国农村犯罪问题研究”“不同经济发展形态区域犯罪比较”“社区警务研究”“全国公众安全感抽样调查”等课题研究中，吸纳中国人民大学、中国政法大学等知名院校的学者和地方公安机关民警参与，特别是在开展“中国农村犯罪问题研究”课题研究期间，投入多个领域的研究人员共5000余人，调研形成500余份调查报告，成果瞩目。在公安机关城市警务智库建设中，应着力吸纳各方研究人员组成研究力量，为科学开展智库研究夯实人才基础。

2. 理论研究与实战研究并重。四所在组织开展理性探索与公安理论研究的同时，积极研究公安实战问题的解决方案，为公安工作服务，为领导决策提供科学咨询。四所立项研究了公安统计工作的恢复与公安统计制度的建立、全国犯罪情况大调查、公众安全感指标体系的建立等一大批课题，既极大地丰富了我国警务理论，为警务实践作出科学指导，又有针对性地研究、解决了公安实战问题，为公安事业发展进步提供了智力支撑。四所的研究经验启示我们，公安机关城市警务智库要树立理论与实践并重的智库研究导向。

3. 注重整合利用院校力量。公安部《关于加强公安机关新型智库建设的意见》要求全国公安机关建立新型智库，其中明确指出，“公安部重点依托有关公安院校分批组建部级公安智库”。2015年，公安部依托中国人民公安大学建立“公安部公安发展战略研究所”，依托江苏警官学院建立“公安部现代警务改革研究所”。前期，江苏省设立了江苏现代警务研究中心，该中心整合江苏警官学院各教学系部资源，成立了警务战略研究所、公共安全研究所、犯罪对策研究所、警察法学研究所、公安政治工作研究所、警察技战术研究所等研究实体。中心成立以来，形成大量研究成果，极大地推进了江苏省现代警务建设。这些经验启示我们，公安机关城市警务智库要注重整合运用院校资源，通过校警合作发挥出院校研究优势，提升警务智库工作效能。

三、天津市公安局警务智库建设实践探索

天津市公安局认真贯彻落实公安部《关于加强公安机关新型智库建设的意见》，自2015年8月起，提出“组建一支队伍，创建一套机制，构建一个体系，拿出一批成果”的建设思路，并以辅助领导决策、服务公安实战为工作目标开展警务智库建设，逐

步组建起总人数达 559 人的公安智囊团队，建立起全市公安调研体系，组建了天津市公安局警务智库。智库运行以来，共形成调研成果 130 余个，为安保维稳、公安改革等核心工作提供了有力的智力支撑。

（一）领导高度重视，全力指导推动

天津警务智库工作成效的取得，得益于领导的高度重视。市局主要负责同志对警务智库建设高度重视，多次组织力量进行深入研究，并深入到天津市公安局指挥部研究室，调研指导智库建设，指明警务智库建设的指导思想和建设关键。市局分管负责同志多次召开会议对智库建设进行组织动员、专题研究，并组织建立起智库建设领导小组，亲自担任领导小组组长。

（二）打造智囊团队，建立制度机制

天津警务智库工作成效的取得，得益于智囊团队建设。智库建设领导小组将智囊团队的组建作为智库建设的基础，明确智囊团队建设的思路、目标、方法、步骤等，对团队建设进行细化安排，并制定印发《天津市公安局公安智囊团队工作管理规定（试行）》，明确团队成员遴选、晋升、降级、淘汰方式，放眼全局将政治立场坚定、大局意识强、富有创新精神，并且能够发现问题、研究问题、勇于建言献策的 559 名精英人才吸纳进智囊团队。其中，处级领导干部 72 名，科级领导干部 267 名（基层所队科级领导干部 66 名），民警 215 名（基层所队民警 74 名），退休老同志 5 名。团队成员积极努力工作，取得了丰硕的调研成果，市局指挥部编辑形成内部出版物《天津公安智囊团队调研成果汇编》，分发全局。

（三）构建调研体系，整合全局资源

天津警务智库成效的取得，得益于调研体系建设。为系统化收集调研源头资料，科学开展调查研究，天津市公安局建立起以调研部门为“龙头”，以市局调研基层所队为“点”，以各分局、市局各直属单位调研科室为“线”，以市局各项公安业务为“面”，以各直属单位分管业务为“域”，以市相关部门为“外脑”的全局调研工作体系，实现了“点线面域”联动互通，科学有序地组织全局调研力量，形成了调查研究的强大合力，确保智库工作更具方向性，措施研究更具精准性。

（四）智库高效运转，工作成效明显

天津警务智库始终保持较高的工作效能，取得了突出的工作成绩。智库完成了《关于提升道路安全管理水平的调查与思考》《关于部分派出所调整机构规格后有关情况》《关于我市农村地区维稳治安状况的调研情况》等专题调研，有力推进了天津公安改革和治安秩序维护；研究制定了“喜迎十九大”系列平安专项行动工作方案，研究建立天津市公安局专项行动执法服务复盘机制，有力地支持了天津“一带一路”高峰论坛、第十三届全运会、党的十九大安保及专项行动开展；与社会研究力量共同研究制定《天津市公安局 2017 年服务经济社会发展保障民计民生工作措施》，及时出台5大类18项具体举措，向社会公布，取得了良好的效果。

四、采取有效措施务实高效建设智库

天津警务智库建设是公安机关城市警务智库建设的有益探索，但距离智库建设目标还存在一定差距。下一步，要采取有效措施进一步加强建设。

（一）开发智库人力资源，打造“智囊”集聚宝库

“人”是智库运转的关键因素，建设警务智库，要着力开发“智囊”资源。一是广泛汇聚人才。广辟人才汇聚渠道，既组织公安机关内部研究人才，又聘用高校和科研院所的研究人才，形成既熟悉公安业务和队伍建设，又掌握经济、政治等相关领域知识，既熟悉公安实践，又具有深厚理论功底，年龄结构合理、学历结构合理、能力结构合理的工作团队。二是有效激励人才。充分发挥正激励和负激励作用，制定系统科学的人员考核办法，突出以发现问题的数量和针对性，提出对策的创新性、实效性，所解决的问题的急迫、重要程度为主要方面对智库人员进行考核，根据考核结果奖优罚劣，激励提升智库工作人员的工作积极性。三是积极培训人才。根据警务智库工作所需，通过邀请专家学者授课、开展实地学习、举办专题讲座等方式对智库工作人员进行培训，通过培训开阔视野、深邃思维、丰富方法，使智库工作人员在“充电”中不断成长。

（二）建立科学研究模式，打造“智慧”培育宝库

保证智库工作效能，要建立立体化收集调研源头资料，系统化开展调研分析，集成化宣传研究成果的研究模式。一是立体化收集调研源头资料。全面掌握客观、鲜活的调研资料是智库进行研究的基础。要向上收集，吃透上情，全面学习掌握领导讲话、指示精神，全面学习掌握上级机关的有关会议精神及工作部署；要向下收集，掌握实战，通过建立“调研联系点”等，常态化地收集基层所队及各业务部门的工作动态，掌握工作进度、问题、成绩、经验；要向外收集，整理经验，紧盯地区内外、国内外维护政治安全、维护社会安全稳定的工作实践，收集先进做法、先进经验；要向内收集，掌握问题，跟进掌握本市公安机关决策督办、工作考核情况，常态化地收集督办、考核发现的问题；要向案收集，掌握案情，紧盯国内外发生的重大案件，全面掌握发案的原因、过程、损害等资料。二是系统化开展调研分析。树立全面系统分析的理念，统筹传统调研分析与现代调研分析，在运用传统调研思维、方法的同时，将“大数据”“云计算”引入调研工作，形成包含理论分析、实证分析、对比分析、“大数据”分析等分析思维和分析方法的调研分析体系，实现理论分析与实证分析的有机结合、因果分析与关联分析的有机结合、历史分析与现实分析的有机结合、定性分析与定量分析的有机结合，通过研究分析得出客观、正确的结论。

三是集成化宣传研究成果。实行集数字化推广、座谈会推广于一体的“一成果两推广”的成果推广方式。开展数字化推广，开发手机APP并在当地公安机关公安网主页开设“决策通”栏目，通过APP及“决策通”及时向领导和有关业务部门发送调研成果。同时，开展座谈推广，组织有关业务部门召开座谈会，系统介绍研究成果的应用价值，围绕成果进行讨论，形成良好成果应用互动，保证推广效果。

（三）培育先进智库文化，打造先进高尚宝库

开展智库文化建设，打造智库工作 “软实力”。一是筑牢对党忠诚的智库灵魂。认真学习习近平总书记系列重要讲话精神，认真学习习近平总书记对公安系统提出的“四句话、十六字”总要求，筑牢“四个意识”，牢固树立习近平总书记“智库观”，将辩证唯物主义和历史唯物主义作为智库研究指导思想，用过硬的政治觉悟、扎实的工作措施铸就对党忠诚的智库灵魂。二是锤炼先进优秀的智库品格。以培养主动研究、科学研究、尊重规律、认真负责的智库品格为目标，在思想教育上狠抓理念树立，在日常工作中狠抓品格养成，在工作督导中强调品格作用，将智库品格建立在思想上，植根在心里，体现在行动中。三是培育科学高尚的智库精神。以培育拼搏进取、锐意创新、精诚团结、甘于奉献的智库精神为目标，深刻把握精神培育的内在规律，紧紧抓住精神培育的核心关键，通过扎实有效的思想引领、行动引导、鼓励激励、环境营造，夯实智库高效工作的精神基础。

（四）研究建立体制机制，打造高效运转宝库

建立健全的体制机制是公安机关城市警务智库高效运转的必要条件。一是研究建立科学的组织建制。紧紧围绕“五看”型智库建设目标及文化培育、科学研究等工作，立足公安机关机构设置、组织编制实际，研究制定智库组织建制，建立公安机关城市警务智库完整的组织架构，科学设定各个工作岗位，研究制定科学规范的岗位说明书。二是细化建立工作机制。厘清公安机关城市警务智库各项具体工作任务，根据任务主体、客体、程序、目标等要素，分析工作开展的机制需求，以保障任务开展为目标，广泛建立工作机制，发挥出机制的支撑作用。三是系统建立智库制度。制定严格的执行制度保障落实工作任务，制定完善的考核制度促进效能提升，制定有效的奖惩制度激发干事热情，制定有力的经费保障制度支持工作开展。通过制度建设，形成严密的制度体系，发挥出制度的根本性、全局性、稳定性和长期性作用，用制度保障智库工作的高效推进。

公安智库建设成效与问题浅探
——以成都市公安局为例

王 豪*

摘 要：公安部出台《关于加强公安机关新型智库建设意见》后，成都市公安局随即启动智库建设，立足实际，从内部挖潜，各警种面向全体民警建立人才库，形成基层民警轮岗锻炼的长效机制；从外部借力，建立与高校科研机构的合作机制，瞄准国家和社会需求，开展公安工作长远发展的基础理论研究；围绕社会治安和公安工作重大现实问题，推动“大部门、大警种”制改革和现代警务机制创新；针对重大社会治安难题，创新立体化治安防控体系。智库建设还存在其重要地位没有受到普遍重视、缺乏参与决策咨询制度保障、专业性创新型人才匮乏等问题，需要加强智库参与决策的制度保障，加快智库人才队伍建设，加强智库成果转化。

关键词：智库建设 公安机关 成都市公安局

智库（Think Tank），是指由专家组成的为决策者处理社会、经济、科技、军事、外交等方面问题出谋划策，对政治、经济、社会、文化、军事等政策进行调查、分析、研究，提供最佳理论、策略、方法、思想等的公共研究机构。近年来，以习近平总书记为核心的党中央高度重视智库建设，党的十八届三中全会把智库建设写入了《中共中央关于全面深化改革若干重大问题的决定》，党的十八届四中全会要求“健全依法决策机制”，把智库建设纳入公共决策法治体系之中。因此，智库成为推进国家治理体系和治理能力现代化的重要组成部分。2015 年，公安部为进一步推动公安改革，出台了《关于加强公安机关新型智库建设意见》（以下简称《意见》），要求各级公安机关尽快建立、健全公安决策制度，为公安工作长远发展和现代警务机制建设提供政策理论研究和决策参考。自公安部提出加强智库建设的《意见》以来，成都市公安局随即启动智库建设，立足实际，从内部挖潜、外部借力着手，瞄准国家与社会需求，开展公安工作长远发展的基础理论研究；围绕社会治安和公安工作

* 王豪，四川省成都市公安局研究室民警。

重大现实问题，以及重大社会治安难题，提出具有针对性和可操作性的政策建议，指引成都公安更好地服务“法治成都”“平安成都”建设。

一、成都公安智库的构成

成都公安历来重视人才队伍的建设，在实践中鼓励民警勤于思考、大胆创新，并对创新性建议予以物质鼓励和精神鼓励，短时间内形成了尊重知识、尊重人才的良好氛围，同时与高校、科研机构合作开展重点课题研究，将成都公安的发展方向、战略及现代警务机制构建等进行系统性、专业化研究，最终推动成都公安工作再上新台阶。

（一）培养公安内部人才队伍。一是注重内部挖潜。成都公安队伍庞大，自开始社会化招聘考试后，大量非公安专业的本科生充实到公安队伍，极大地丰富了公安队伍的知识结构，提升了原有公安队伍的文化层次。为了加快成都公安的人才培养和人才队伍的建设，各警种都面向全体民警建立了人才库，并选出优秀人才到相关警种跟班学习，形成了基层民警轮岗锻炼的长效机制，从知识结构、业务能力、阅历结构等方面加强优秀人才的后续培养和素质提升。三年来，该机制已为全市基层单位培养锻炼各类人才3000余人次。二是积极搭建平台。成都公安充分重视基层的首创精神，搭建了“金点子”平台鼓励民警将工作建议和业务创新报送给市局，市局再组织专家对其进行评估，对实用性、可操作性强的好建议，发送给相关部门进行孵化、试点，并将取得的成果向全市推广。例如，多名民警在“金点子”平台建议，“将交通违法与个人信用挂钩，增强违法约束，推动治标向治本转变”，引发了大家的讨论和关注。为此市局研究室和法制支队开展了专题调研，先后咨询了国家行政学院专家团队，详细了解当前信用体系建设的建设背景、现状，并迅速形成了《关于建立社会治安公民信用系统推进社会治理创新的思考》，推动了《成都市社会治安公民信用系统建设方案》的实施。同时，“金点子”平台也充分利用媒介优势，针对社会治安管理中出现的新问题向全警发出“征召贴”。2017年4月，成都出现多起无人机扰飞事件，给公共安全和社会治安造成极大的影响，为此，“金点子”平台发布信息，重点征集无人机管控治理意见建议，得到广大民警的积极响应，在短时间内收到建议126条、高质量调研文章4篇，这些建议与调研文章被汇集成册，供领导参阅，为加强无人机管理提供了很多切实可行的方法和建议，也启发了全体民警对这一问题的深入思考。截至2017年9月20日，成都公安“金点子”征集平台共收到2510个点子，采用1283个，立项413个，起到了源自基层、服务实战的良好效果。

（二）建立与高校科研机构的合作机制。高校智库是我国官办智库的重要组成部分，其智力资源丰富。通常来说，一所科研机构或大学会拥有多家智库，如哈佛大学和斯坦福大学。其中哈佛大学的肯尼迪政府学院设有15个专门的研究中心，包括贝尔弗国际事务研究中心和国际发展中心。肯尼迪政府学院长期致力于公共政策领域的研究，承担了众多政府研究课题；同时，也是美国重要的公职人员培训基地和政府问题研究机构，为美国政府提供了独立、严谨的研究结果。为了借力高校智库的智力资源和科研优势，成都公安机关与四川省社科院、四川大学、电子科技大学、西南交大、成都大学等科研机构及高校合作，通过重点课题单独立项、合作等方式开展了社会治理、现代警务机制、预防与打击犯罪等方面的研究，为成都市社会治理及成都公安发展做了前瞻性的分析研究和政策研究，并最终指导实践推动了公安事业创新发展。

二、智库在推动成都公安发展中起到的主要作用

近年来，成都公安改革取得了较好的成效，特别是在“大部门、大警种”制改革及现代警务机制创新方面，智库起到了极大的推动作用。

（一）在推动大部制建设方面起到的作用。公安部“大部门、大警种”制改革试点工作开展以来，成都公安就以提高公安机关核心战斗力为目标，抓住组建天府新区分局“一张白纸好画图”这一契机，以解放警力、提升警务效能为突破口，牢牢把握警务机制改革创新这一关键，全力推进“大部门、大警种”制改革。改革之初，成都市公安局党委专门组建以各警种主要领导、业务骨干和行业专家为成员的评估小组，并远赴天津等地考察学习，经过周密计划和审慎评估，市局党委在天府新区实施以“大指挥、大治安、大刑侦、大国保、大交通”5大警种体系为核心的“大部制”改革试点。在机构调整上，将原有的5大警种体系重组优化，形成“大指挥、大政工、大监督、大维稳、大治安、大刑侦、大交通、大法制、大警保”9大警种体系；在警力配置上，进一步下沉机关警力，做强基层，执法勤务机构警力达到全局的94%；在机制创新上，实行派出所“一室三队”警务运行模式，建立信息化环境下的现代警务运行机制，促进公安战斗力生成模式的转变。2016年9月底，天府新区违法犯罪警情、立案数同比下降21.3%和5%，破案数、打击数同比上升75.4%和41.6%，2017年9月底，天府新区违法犯罪警情与上年持平，立案数下降13.2%，破案数上升9.8%，打击数上升5.3%，实现并巩固了“两升两降”目标，群众治安满意度持续上升，改革工作取得初步成效。

（二）在推进现代警务创新发展方面起到的作用。一是编制成都公安“十三五”规划。2015年11月，按照习近平总书记近年来关于加强和创新社会治理的重要指示精神，以及全国社会治安综合治理创新工作会议精神，成都市公安机关正式启动

《成都市社会治理及公共安全防控体系建设“十三五”规划》。市局研究室与四川社科院和成都大学联合组建课题组，开展实地调研、专题座谈，到上海、武汉、广州、深圳等城市进行考察学习，反复听取国家行政学院、清华大学、复旦大学的建议，针对简阳划归成都代管、成都调规、国家中心城市建设等情况及时提出修改完善的意见，形成了全国第一部关于社会治理及公共安全防控体系建设的系统规划，为成都“十三五”期间的社会治理指明了方向。二是创新立体化防控体系。成都市公安局认真落实中央《关于加强社会治安防控体系建设的意见》，与电子科技大学共谋“电子信息 +”社会治安防控体系建设，研发了以鹰眼、大数据为核心的具有成都市特色的立体化治安防控体系，有效应对影响社会稳定的突出问题。三是“互联网 +”公安政务。“互联网 +”兴起以后，成都公安立即将服务管理延伸到互联网，借助高校的技术优势，打通数据壁垒、简化工作流程、积极拓展网上服务平台，通过“成都公安微户政”　“蓉 e 行”等微信公众号开展便民服务，目前已有 275 项便民办事业务、158 项公安机关非涉密行政审批及公共服务事项进驻网上服务中心，做到“一窗口对外，全流程贯通，一站式办理”。

三、智库建设存在的问题

当前，国际形势复杂多变，全球性问题层出不穷，国内经济社会结构正在发生深刻而复杂的整体性变迁，全面深化改革正处于攻坚期，更需要大量的智力资源提供支持，用理论指导实践，推动历史进步和社会发展。但是，在新型智库建设中，我们也面临着一些亟待解决的问题和障碍。

（一）智库的重要地位没有受到普遍重视。目前，政府管理模式已经由“管制型”向“服务型”转变，但是政府仍然在社会中处于主导和支配地位，仍然存在着封闭决策、内部决策的状况。许多政府决策者还存在着跟着感觉走、凭经验决策的情况，缺少现代科学决策意识。不少政府部门只是把决策咨询作为一种形式，没有真正意识到智库资政的重要性。

（二）缺乏参与决策咨询的制度保障。当前，虽然各部门都在探索建立重大事项风险评估机制，开展了合法性审查、专家论证等工作，但是智库的参与决策还缺乏相应的制度保障，参与决策的过程更多地取决于领导的思想意识和工作作风。即便智库提出了决策建议，但是在后期的实际工作中，也鲜有机会对项目进行跟踪，更不用说同决策者形成有效的互动反馈。同时，智库责任追究制度也没有建立起来，这些都不利于智库长期、健康、有效地发挥咨政、参谋、宣传等作用。

（三）专业性、创新性人才匮乏。人才是智库建设的第一资源，一流智库的基础就是一流的人才。智库建设最稀缺的资源也是人才，特别是具有专业精神、实践经验和创新思想的优秀人才。以成都公安为例，在警队内部熟悉现代警务机制的人员较少，很多民警甚至一些基层领导都缺乏必要的现代警务、“互联网+”、大数据、队伍管理等专业知识，与国家中心城市建设的要求存在较大差距。各级各部门特别是基层所队经常奔波于各种目标任务、检查、安保等工作，对现代警务知识掌握不足，缺乏对现代警务的理解和执行能力，对于争取提升成都公安整体步伐的重大事项缺乏实战能力，没能很好地形成推动国家中心城市建设的合力。

四、对智库建设的几点建议

为更好地推动智库建设，充分发挥教育、科技、人才等创新要素的集聚优势，打通政产学研通道，共同推进公安事业发展，应在下一步工作中注意以下几个问题。

（一）加强智库参与决策的制度保障。西方发达国家对各类智库一般都有比较成熟的法律保障体系，如美国，明确规定咨询是政府决策过程中的法定程序，政府项目无论是论证、运作，还是绩效评估，各个阶段都要有不同的咨询报告作为支撑。党的十八届四中全会决定指出：“健全依法决策机制，把公众参与、专家论证、风险评估、合法性审查和集体讨论决定确定为重大行政决策法定程序，确保决策制度科学、程序正当、过程公开、责任明确。”也就是说，在公共决策时，把公众参与、专家论证、风险评估、合法性审查和集体讨论决定确定为重大行政决策法定程序，这虽然已经写入党的十八届四中全会决定之中，但仍有待进一步细化。在这种情况下，地方政府或者有关部门应该先行一步，建立符合本地本部门的决策咨询机制。也就是说，要将咨询支持作为决策体系中必不可少的一个环节，纳入政府的制度性安排。政府部门可将专业性、技术性较强的决策论证工作交由具备资质的相关智库来完成，甚至可以多选择几个智库的成果进行比较鉴别，政府只负责选取最优化的方案，然后以行政力量加以实施。同时，也应建立责任追究制度，让智库跟踪参与到项目实施中，不断修改完善相关建议并为咨询结果负责。

（二）加快智库人才队伍建设。创新人才汇聚与智库运营模式。人才是智库的核心竞争力，智库需要一定数量的人才，特别是要聚集不同研究领域的领军人物，这就需要智库本身具备对人才的吸引力。因此，智库的运营模式十分重要。一个能够吸引人才并充分发挥人才优势的智库，其运营模式一定有值得借鉴之处，比如人才资源的使用、研究人员的收入分配、课题的选择与组织、政府和企业的财政支持、为研究人员创造宽松的环境等。

（三）加强智库成果转换实践。理论的最终落脚点是实践，智库的价值便体现在以精神动力和智力支持共同促进生产力发展。但就目前来看，不论是高校系统还是社科研究机构，其成果转化都存在着流程协同性和数据共享性不强的问题，导致成果转化的社会认可度不高、工作重复性严重、转化的数量和质量差等。要提高智库成果的转化效率，关键在于实现高校、各类社科研究机构、智库及政府部门之间官方数据、人才队伍资源、平台资源、成果转化渠道、成果评价体系等的共享。智库将其著作、论文、课题等成果以提案或咨询报告的方式提交给相关政府部门和机构，加快智库成果的实践化运用，走出一条协作、共赢、可持续的智库发展之路。

以智库建设推动公安“大部制”改革

镇江新区公安分局*

摘 要：镇江新区公安分局积极贯彻公安部《关于加强公安机关新型智库建设意见》要求，结合新区实际，为应对严峻复杂的社会形势、调动民警工作积极性、搭建局领导与基层民警沟通的桥梁，集全警之智组建新区警务智库。为此，镇江新区公安分局充分调研，深挖人才，借助外力，聘请有扎实理论功底的研究学者。为发挥公安智库的积极作用，镇江新区公安分局健全完善智库成员工作机制、智库参谋机制和智库地方专家协作机制，拓展延伸人才挖掘的新机制。镇江新区公安分局以智库建设推动新区公安“大部制”改革，厘清问题所在，探索改革方向，把握以警种职能为基础建立大部门管理机制、以实战需求为目标建立扁平化指挥机制、以理顺上下关系为原则建立统筹调控机制三个关键点，提升了警力资源配置效能、警务指挥调度效能和警务合成作战效能，彰显了“大部制”警务机制改革成果。

关键词：智库建设 “大部制”改革 镇江新区公安分局

2015年1月20日，中共中央办公厅、国务院办公厅印发了《关于加强中国特色新型智库建设的意见》，从全局和战略高度出发对中国特色新型智库建设做出了设计和规划。随后，公安部启动了公安新型智库建设工作，于2015年6月发布了《关于加强公安机关新型智库建设的意见》（以下简称《意见》），统筹指导公安机关新型智库建设。镇江新区公安分局积极贯彻《意见》精神，结合新区实际，聘请有扎实理论功底的研究学者成立专家库，集全警之智组建了新区智库，开展事关新区公安工作长远发展的基础理论研究，为科学决策提供坚实的理论支撑，并以此推动新区公安警务改革创新。

一、建立智库的必要性

2016年1月23日，时任公安部部长郭声琨同志在全国公安厅局长会议上提出：

* 江苏省镇江市公安局新区公安分局。

“要深化警务体制改革创新，积极探索推行大部门制、大警种制，探索建立警力随着警情走的编制动态调整机制，完善精细化警务管理模式，着力增强公安工作整体效能。”这一重要讲话明确了公安体制改革的方向，坚定了公安机关推行“大部制”改革的决心。在公安机关“大部制”改革全面拉开序幕的背景下，镇江新区公安分局建立了新区智库，发挥智库综合调研、细致论证的作用，积极探索实践警务机制改革。

（一）建立智库是应对严峻复杂社会形势的需要。随着社会经济发展和公安改革的深入，各种新情况、新问题层出不穷，社会治安形势日趋复杂，人民群众对公安工作提出了新的更高要求，给公安工作带来了新挑战。为有效应对公安机关面临的新情况、新问题，迫切需要加强对公安工作全局性、前瞻性、敏感性问题的研究，迫切需要增强公安决策的科学性、有效性。因此，新区公安分局党委认为公安决策既要符合基层实战单位的需要，又要接受公安理论的检验和指导，这样才能保证决策的正确性、可行性和实用性。

（二）建立智库是调动民警工作积极性的需要。基层民警长年战斗在一线，对基层基础工作认识最深、感受最多，对于如何开展工作，往往有自己独到的见解。分局党委认为，要推动公安工作改革和发展，必须推进公安决策的科学化、民主化，充分挖掘公安机关内部潜能，广泛集中公安民警的智慧，及时掌握民警在工作中遇到的各类难点问题，积极探索和实践解决问题的途径和办法，这样才能为分局党委的正确决策提供科学依据。

（三）建立智库是搭建分局领导与基层民警沟通桥梁的需要。在公安队伍管理中，上级往往强调纪律性、严肃性，工作艺术性不足，做思想工作时的切入点有时把握不准；在要求民警服从的同时常常忽视民警需求，忽视民主参与。若民警的意见和建议得不到充分理解和采纳，就会在基层与机关之间、领导与民警之间形成一道沟通的“壁垒”，无疑会对公安工作造成损害。因此，只有最大限度地与民警进行沟通，听取民警想法，激发民警创新活力，才能不断拓展公安工作的发展空间，才能让民警真正用心去工作。

二、智库组织架构

镇江新区公安分局针对新区智库建设，采取了一系列措施。

（一）充分调研，积极筹建智库。新区分局多次召集由办公室、政治处、指挥中心、刑侦大队、派出所等单位负责人参加的局长办公会议，讨论筹建新区智库方案的相关事宜。成立了智库建设管理领导小组，由分局局长任组长，副局长及办公室主任为成员兼评审组评委，相关科室负责人为小组成员，领导小组负责智库建设的统筹规划和机制完善，并对人员入（出）库、课题攻关和评优评奖进行监督和评审。设立领导小组办公室，办公室设在政治处，政治处主任兼任办公室主任，各责任科室负责人为办公室成员，具体负责各类人才的选拔、管理、培养和考评等工作。

（二）深挖人才，充实智库人员。根据研究，新区分局对智囊团成员通过基层推荐、网上投票、综合评定和分局党委评议等形式进行遴选，通过层层推荐、严格筛选，将基层所队中热爱公安事业、具有较强工作责任心和较高职业素质、善于独立思考、对公安工作有独到见解并具备一定理论功底的民警或中层干部，以单位推荐的形式上报局办公室。办公室对各单位推荐的人员进行理论考试和面试，按照考试成绩从高到低选出 15 名候选人上报分局党委，最后根据考试得分和党委评分各占 50% 的原则取前 10 名作为分局“智库”成员。

（三）借助外力，提升智库容量。本着吸收地方优秀人才资源，实现开放、共享和优化配置的目的，新区分局专门成立了新区公安智库建设工作领导小组，构建了党委统揽、政治处主抓，办公室协同的组织架构体系，明确树立“不求所有，但求所用”的思想，确立了“公安建设发展中亟须的、替代性小的、专业技能要求高的人才；具备支撑公安战略发展，解决公安重大和疑难问题等能力的人才；不唯学历、不唯地位”的智库选拔原则，破除了人才是固定资产、“画地为牢”的观念。同时，加大对外宣传力度，在辖区院校、企业、政府机关宣传智库相关信息，吸收这些院校及单位的优秀人才。通过“举荐、符合评审、公布名单”3 个步骤，精心遴选了 15 名地方人才纳入新区公安智库，涵盖法律、文化、政治、医学等方面专家，为公安发展建设提供了外来智慧保障。

三、智库的工作机制

为发挥公安智库的积极作用，镇江新区公安建立健全了一套智库工作机制。

（一）健全完善智库成员工作机制。为了有效促进智库建设，充分发挥智库作用，经研究，制定出台了《新区分局“智库”成员工作机制》，明确了智库成员的基本工作，及时向分局党委反馈重大决策在执行中的情况和在队伍中的反响；及时反映队伍建设和业务工作存在的问题，并提出应对措施；任期内每季度必须提交一篇 4000 字以上的针对公安改革和队伍建设的调研论文；接受党委指派对重要工作进行跟踪督查；收集分局民警、职工想要向党委反映的问题和事项；每季度约见分局领导一次，对公安工作和队伍建设方面提出建议或意见；参与分局重大事项调研活动等。初步形成了较为完善的成员工作机制。新区党委将智库作为推动公安工作的“源头活水”，不断在民警中吸取智慧，不断推陈出新，极大地激发了民警工作的积极性，盘活了公安队伍内部警力，提高了民警的自主创新能力，增强了队伍的凝聚力和向心力。

同时，还延伸和拓宽了分局党委的信息渠道，使党委能及时准确把握基层工作动态，增强了驾驭复杂社会治安局势的能力，牢牢把握公安工作主动权，使公安工作朝着全面协调可持续的方向发展。

（二）健全完善智库参谋机制。智库成员立足基层实际，充分发挥参谋作用，以“人民群众最需要什么、犯罪分子最害怕什么、基层民警最喜欢什么”为重点，开展调查研究。成员定期开展座谈研讨会，确定调研重点方向、分析难点问题、商讨对策措施、完善调查报告。组织智库成员到分局各单位及辖区进行调查研究，对公安改革、警民协作、执法执勤、政治思想等公安重点工作进行研讨，并以此形成调研报告，供党委决策。目前，通过智库，探索推动形成了新区公安“大部制”改革、侦查团队改革、物业联盟、消防管理新模式等，且均已付诸实践，取得了较好的运用实效，在新区公安形成了运用科学理论推进公安工作的良好氛围，促进了公安研究的深入发展。

（三）建立完善智库地方专家协作机制。定期邀请智库地方专家为民警讲解党的理论知识、习近平总书记系列重要讲话以及社会主义核心价值观等党的创新理论和相关法律知识，同时还结合公安工作实际，请资深群众工作者为民警“传经授宝”，提升民警政治理论素养。针对基层警营文化建设薄弱的现状，主动邀请智库文化专家深入基层单位进行“把脉”，丰富民警业余文化生活，培养高雅情操。邀请智库专家开展“国学大家谈”活动，让民警在学习中提升道德修养，陶冶情操，加强自身修养，增强队伍凝聚力，确保警队内部稳定。邀请智库心理专家对民警在思想、法律、心理等方面遇到的热点难点问题提供咨询服务。同时，在研究公安改革、警民协作、执法保障等方面邀请专家进行协商，探讨社会认可度、可行度以及法律支撑，确保实践取得成效，达到改革发展与社会效益的有机统一。

（四）拓展延伸人才挖掘的新机制。根据智库成员的工作机制，各成员积极参加新区公安工作重大问题的讨论和决策，包括季度工作例会、年度工作例会和重大课题调研，使他们得到培养锻炼的机会和施展才华的舞台，同时，也使分局党委拓宽了发现人才的渠道。对其中熟悉公安业务、具有公安业务专长或较丰富的公安工作经验和处理复杂社会治安问题能力的智库成员予以重用，使他们的指挥能力、分析能力和决策能力得到锻炼。目前，智库 15 名成员中，已有 6 人得到晋升晋级，个人能力得到了充分肯定。

四、以智库建设推动新区公安“大部制”改革

镇江新区公安分局通过新区智库的综合调研、细致论证，积极探索实践“大部制”警务机制改革，有效解决了原先机关部门职能重叠、警务效能弱化的问题，弥补了

警力不足，实现了机构设置集约化、警力资源整合化、勤务指挥扁平化，相关工作取得了初步成效。

（一）厘清问题所在，探索“大部制”警务机制改革方向。新区智库成立后，首先研究了当前制约公安建设发展的问题。近年来，新区分局以往的管理方式、运行机制已越来越不适应新形势下社会治安管理的需求。各部门职能重复、分工过细、基层警力不足等症结制约着新区公安的发展，推行警务机制改革已迫在眉睫。为此，智库成员进行了充分调研，广泛吸收省内外公安改革的经验做法，全面分析制约和影响公安机关发展的瓶颈问题，着力创新思路，整合资源，打造符合新区公安实际、具有新区特色的警务改革品牌。在智库的指导下，成立了“大部制”改革工作领导小组，在深入调研的基础上，经多次征求意见、修改完善，制定出台《镇江市公安局新区分局“大部制”警务机制改革方案》和《关于明确“大部制”改革后“两室两队”负责人的通知》，明确了深化警务改革的路线图、时间表。

（二）把握三个关键点，实施“大部制”警务机制改革。一是以警种职能为基础，建立大部门管理机制。以按警种设置部门、按职能设置专业的总体思路进行机构整合，将原有的18个部门和业务大队整合为警务指挥室（由办公室、情报中心、网安大队组成）、政工监督室（由纪委、监察室、督察大队、政治处、法制大队组成）、案件侦查队（由刑警大队、禁毒大队、经侦大队、国保大队组成）和管理服务队（由治安大队、内保大队、巡特警大队、出入境管理大队、行政服务大队、交警大队组成）的“两室两队”模式，由分管局领导担任部门长。这次改革，是对职能相近的部门进行合并，对原有职数没有影响，原大队长、教导员等中层领导，在工作中服从部门长的直接指挥，既当指挥员又当战斗员，参与侦查办案、治安管理、行政审批和管理服务等工作，与民警同考核同奖惩，实现了警力效能的最大化。担任部门长的局领导，下沉到一线指挥调度各队、组根据其职能开展工作。二是以实战需求为目标，建立扁平化指挥机制。着眼于建立“扁平化”指挥调度机制，减少指挥层级，实现点对点指挥，提高指挥效率，形成一个团结协调、高效运转的团队整体，真正实现运转协调、工作高效、警令畅通。机构整合后，部门长负责本部门的队伍和业务管理，实行一体化运行、一体化管理，直接指挥部门队、组开展业务工作，统筹调配本部门警力，为实现警力效能最大化，各部门均只设立一名内勤，配备警务辅助人员协助处理本部门的警务保障工作。对分局确定的大要案件和专案，以及需要跨部门调配警力的大型安保活动等特殊任务，在分局党委直接指挥下，统一调度警力。三是以理顺上下关系为原则，建立统筹调控机制。一方面，各警种大队继续接受上级机关的指挥，对上级交办的事项任务不折不扣地完成。若遇紧急事项，在人手不足时及时汇报部门长，由部门长统筹协调，确保工作有落实、不落空。另一方面，各部门统筹安排工作，改变了原有各大队单一指挥的模式，减轻了基层派出所的负担，有效避免了工作重叠，切实治愈了职能多头交叉、推诿扯皮、沟通机制不畅等顽疾，让相关业务工作统一归口、统一出口，确保警令畅通、警务运转高效。

（三）实现三大提升，彰显“大部制”警务机制改革成果。一是提升了警力资源配置效能。改革后，新区分局十多名警力下沉到一线实战单位和派出所，局业务大队和派出所的警力占总警力的93.4%，其中派出所的警力增加了4.7%，业务大队的警力增加了13.5%。“大部制”改革使基层一线的警力得到了进一步充实，警力资源配置更加优质化。二是提升了指挥调度效能。改革前，分局部署工作时，按照“分局→分管局领导→所队负责人→责任民警”三级指挥体系运作，工作部署会议多、环节长、节奏慢。改革后，分局直接将指令传达给各部门长，由部门长直接指挥调度部门民警开展工作，缩短了上传下达的时间，减少了传达部署的层数，使指令能够更加迅速地传达到每名民警，初步建立起“扁平化”的指挥体系。三是提升了合成作战效能。改革前，各业务大队各自为战、警力分散、忙闲不均，遇有复杂疑难案件时，有些大队往往会从基层派出所抽调民警参与办案，这给派出所的日常工作造成了一定影响。改革后，由部门长统一调配部门内的民警，在实现部门内部警力合理使用、合成作战的同时，减轻了基层派出所的负担，分局的核心战斗力得到了进一步提升。

《城市警务研究》丛书征稿启事

《城市警务研究》丛书由公安部公安发展战略研究所城市警务研究中心编辑，中国人民公安大学出版社公开出版发行，江苏省苏州市警察协会提供各方面支持。

《城市警务研究》丛书创意于首届全国城市警务智库建设论坛，秉承《首届全国城市警务智库建设论坛合力推进新型城市警务智库建设倡议书》宗旨，以党的十九大精神和习近平新时代中国特色社会主义思想为指引，高度重视新型城市警务智库建设，聚焦新时代警务发展大局，致力于城市警务研究成果的发表和共享。丛书主要刊载现代警务战略、城市安全管理、警务改革探索、警察队伍管理、警务智库建设等方面的研究论文，热烈欢迎各级各地公安民警，尤其是警务智库、警察协会的研究人员和政法公安院校的专家学者赐稿！

《城市警务研究》投稿格式要求：

一、投稿须提交 Word 文档电子文本，发送至电子邮箱 suzhoushijcxh@163.com，可同时提交 Word 文档纸质文本，邮寄或快递至江苏省苏州市姑苏区竹辉路 298 号 2 号楼 2 楼苏州市警察协会，陈玲收。邮编：215006，联系电话：0512-67786658。

二、标点符号均按照新版国家标准 GB/T15834—2011《标点符号用法》使用。

三、文章一级标题序号用“一、二 ……”，二级标题序号用“（一）、（二） ……”，三级标题序号用“1. 2.……”。

四、注释一律使用脚注，每页重新编号，编号格式为“1、2……”，序号在引述内容之后。书籍引用，依次标明注号、著者、书名、出版单位、出版年、版次、页码。报刊引用，依次标明注号、作者、篇名、报刊名、年代卷次（版次）、出版日期。

五、本丛书内容会提供给相关数据网站，以便读者检索、引用。投寄本丛书稿件，视为作者同意此约定。

六、来稿需写明作者姓名、工作单位、职务职称、通信地址、邮政编码、手机号码、电子邮箱。